영미시의 길잡이

영미시의 **길잡이**
A Handbook for the Study of Poetry

린 알텐번드 · 레즐리 L. 루이스 지음

윤 준 옮김

도서출판 **동인**

들어가는 말

『영미소설의 길잡이』, 『영미시의 길잡이』, 『영미희곡의 길잡이』로 불리는 세 권의 작은 책은 우리가 편찬한 『문학 입문―소설, 시, 희곡』 (*Introduction to Literature: Stories, Poems, Plays*)의 편람 부분을 개정 증보한 것이다. 현재 형태로 이 책들은 개별 작품집들이나 비슷한 지침 자료들이 들어 있지 않은 사화집(詞華集)과 함께 사용되도록 의도된 것이다. 이 책들은 강의실에서의 토론을 미리 막기보다는 용이하게 하기 위한 것이다. 따라서 이 책들은 원리들을 너무 자세하게 공들여 설명하기보다는 간략하게 제시하고 있으며, 예시도 꼭 필요한 정도로만 덧붙이고 있다. 저자들은 문학 작품들을 읽는 데 필요한 예비적이고 기초적인 제안들에 집중했다. 그래서 이런 문제들에 사전 경험이 거의 없는 학생에게는 이제 막 시작하는 데 도움이 될 것이고, 반면에 보다 높은 수준의 학생에게는 이 책들이 복습을 하는 데 유익할 것이다. 종종 교사는 논점들을 우리의 논의 너머로까지 발전시키기를 원하거나, 만일 강의실에서 귀납적인 절차를 활용하고 있는 경우에는 이 책들을 논의를 간결하게 요약하는 참고서로 사용하기를 원할 수도 있다. 물론 이 책들이 명석하고 공감적인 교사의 길안내를 대신

할 수는 없다.

　많은 종류의 시에 대한 광범위한 독서―이것은 이 유형에 대한 연구를 위해서는 필수불가결한 한 가지 활동이다―는 시의 여러 측면들에 대한 연구와 함께 진행될 수 있다. 처음에 학생은 자신이 읽는 시편들의 보다 명백한 미점들만을 올바로 감상하면서 자신의 즐거움의 원천들에 대한 가장 초보적인 설명만을 제시할 수 있을 것이다. 따라서 만족스럽게 다루지 못하고 남겨둘 수밖에 없는 시편들도 많을 것이다. 그렇지만 이해의 과정은 누적적인 것이고, 학생은 해당 시 전체에 대한 직관적 파악처럼 보이게 될 어떤 것을 향해 눈에 띄지 않게 조금씩 나아가게 될 것이다.

일리노이 주, 어배너 　　　　　　　　　　　　　　　　　　　L.A.
콜로라도 주, 보울더 　　　　　　　　　　　　　　　　　　　L.L.L.

차례 _ 영미시의 길잡이

■ 들어가는 말 … 5

1

제1장 시의 본질 · 15

제2장 시의 언어 · 25

1. 어법: 외연과 함의 —— 26
2. 이미저리 —— 29
3. 비유적 언어 —— 34
    〈1〉 은유 … 34
    〈2〉 환유와 제유 … 47
    〈3〉 의인화 … 48
4. 수사적 기교들 —— 49
    〈1〉 과장법과 줄여말하기 … 50
    〈2〉 다의성 … 54
    〈3〉 생략법 … 58

제3장 시의 형식 · 61

1. 음가 —— 62
   - 〈1〉 압운 … 62
   - 〈2〉 두운과 모음운 … 68
   - 〈3〉 의성어 … 71

2. 운율법 —— 72
   - 〈1〉 리듬과 율격 … 72
   - 〈2〉 운문 행 … 82
   - 〈3〉 연 형식 … 85
   - 〈4〉 소네트 … 96
   - 〈5〉 자유시 … 101

3. 형식과 의미 —— 104

제4장 시의 내용 · 111

1. 서사 —— 111
2. 정서 —— 116
3. 관념들 —— 129
   - 〈1〉 역사적 맥락 … 130
   - 〈2〉 명시적 진술 대(對) 은유 … 136
   - 〈3〉 앨리고리 … 137
   - 〈4〉 상징 … 141
   - 〈5〉 인유 … 148
   - 〈6〉 신화와 원형 … 152

■ 후속 연구를 위한 참고서지 … 155

※ 별표(*)로 표시된 작품은 제1부의 본문 안에 시 전문이 수록되어 있음.

2

Geoffrey Chaucer

　The General Prologue to *The Canterbury Tales* (1-42행) ⋯ 161

Anonymous

　Sir Patrick Spens ⋯ 163

Edmund Spenser

　Amoretti, 75 ("One day I wrote her name upon the strand") ⋯ 100

Sir Walter Ralegh

　*What is our life? ⋯ 34

Sir Philip Sidney

　Astrophil and Stella, 5 ("It is most true that eyes are formed to serve") ⋯ 166

William Shakespeare

　Sonnet 18 ("Shall I compare thee to a summer's day?") ⋯ 167

　*Sonnet 64 ("When I have seen by Time's fell hand defaced") ⋯ 98

　*Sonnet 143 ("Lo! as a careful housewife runs to catch") ⋯ 55

John Donne

　The Sun Rising ⋯ 168

　A Valediction: Forbidding Mourning ⋯ 170

George Herbert

　The Pulley ⋯ 172

Andrew Marvell

　To His Coy Mistress ⋯ 174

Edward Taylor
- Huswifery ⋯ 177

William Blake
- The Lamb ⋯ 179
- *The Tyger ⋯ 144
- *Holy Thursday ⋯ 121

William Wordsworth
- Lines Composed a Few Miles above Tintern Abbey ⋯ 181
- *Composed upon Westminster Bridge, September 3, 1802 ⋯ 119

Samuel Taylor Coleridge
- Kubla Khan ⋯ 188
- Frost at Midnight ⋯ 193

George Gordon, Lord Byron
- Sonnet on Chillon ⋯ 197

Percy Bysshe Shelley
- *Ozymandias ⋯ 16
- *The Indian Serenade ⋯ 116
- Ode to the West Wind ⋯ 198

William Cullen Bryant
- Thanatopsis ⋯ 203

John Keats
- Ode on a Grecian Urn ⋯ 207
- To Autumn ⋯ 210

Ralph Waldo Emerson
- Each and All ⋯ 212
- *Pan ⋯ 135

Henry Wadsworth Longfellow
*Divina Commedia, II … 96

Edgar Allan Poe
Sonnet—To Science … 215

Walt Whitman
Song of Myself (1, 6부) … 216

Robert Browning
*My Last Duchess … 123
*Meeting at Night … 21

Arthur Hugh Clough
*The Latest Decalogue … 127

Matthew Arnold
*To Marguerite—Continued … 138
*Dover Beach … 43

Emily Dickinson
J. 67 ("Success is counted sweetest") … 220
J. 258 ("There's a certain Slant of light") … 221

Gerard Manley Hopkins
The Windhover … 222

William Butler Yeats
Sailing to Byzantium … 224

Edwin Arlington Robinson
*Credo … 132
*How Annandale Went Out … 113

Robert Frost
Mending Wall … 227

Wallace Stevens
Anecdote of the Jar … 229

William Carlos Williams
    Spring and All ⋯ 230
Ezra Pound
    In a Station of the Metro ⋯ 232
T. S. Eliot
    The Love Song of J. Alfred Prufrock ⋯ 233
E. E. Cummings
    Spring is like a perhaps hand ⋯ 241
Dylan Thomas
    The Force That through the Green Fuse Drives the Flower ⋯ 243
Robert Lowell
    Skunk Hour ⋯ 245

- 찾아보기 ⋯ 249
- 역자 후기 ⋯ 258

1

제1장 시의 본질
제2장 시의 언어
제3장 시의 형식
제4장 시의 내용

제1장

시의 본질

시는 역사상 모든 문명에 의해 생산되어 왔고, 우리 시대에도 그 힘을 잃을 것 같은 기색은 없다. 종종 거론되듯이, 우리 시대는 산문의 시대 또는 과학의 시대일지 모르지만, 엄청난 양의 시가 씌어지는 시대이기도 하다. 우리 시대는 궁극에는 시 창작의 위대한 시기들 중의 하나로 판명될지도 모른다. 시 전통의 주목할 만한 영속성과 무척 중요한 전환기―르네상스기와 20세기―에 있어서의 시 창작의 강화는 시가 인류의 가장 깊은 관심사들과 밀접하게 관련되어 있음을 보여준다. 시는 사건들을 기록하고 사건들에 대해 논평할 뿐만 아니라 그것들에 대한 우리의 반응들을 정의하는 데 도움이 된다. 설령 시가 정서를 그 특별한 영역으로 삼고 있다하더라도, 시는 그럼에도 불구하고 서사(敍事, narrative)나 관념들을 다루는 데에도 찬탄을 금치 못할 정도로 적합하다.

시의 생존 능력의 한 원천은 변하는 상황에 적응할 수 있는 그 놀라운 힘이다. 한때 15세기의 경탄스러운 원양 항해선들을 찬양했던 것과 똑같이, 시는 이제는 비행기와 로켓을 자신 안에 흡수했다. 그러나 시는 새로운 삶의 방식들에 스스로를 적응시킬 수 있는데, 왜냐하면 그것은 인간 경험의 변함 없는 보편적 본질의 표현이기도 하기 때문이다.

시가 삶의 신축적인 형체를 포함하기 위해 끊임없이 스스로를 늘리고 변화시킨 결과 옛 표현 형식들을 잃지 않은 채 새 표현 형식들이 나타나게 되었다. 제러드 맨리 홉킨즈(Gerard Manley Hopkins, 1844-1889), E. E. 커밍즈(Cummings, 1894-1962), 딜런 토머스(Dylan Thomas, 1914-1953)를 비롯한 많은 시인들은 다른 어떤 시인이 전통적인 운문 패턴으로 시를 쓰는 것을 가로막지 않으면서도 시의 언어를 깜짝 놀랄 만큼 새로 고쳤다. 그렇지만 시의 본질은 점점 더 다양해지는 형식들에 의해서도 변하지 않는다. 우리는 여전히 시를 운율적 언어로 이루어진, 경험의 해석적 극화(劇化)(*the interpretive dramatization of experience in metrical language*)로 정의할 수 있다.

시는 다른 형식의 글들과 많은 특질들을 공유하지만, 많은 변별적 특징들도 갖고 있다. 다음에 제시되는 것은 잘 알려진 시편으로서, 우리에게 최초로 시와 다른 글들 간의 유사점들과 차이점들을 관찰하고 또 시에 특유한 첫 번째 난점들 중 몇 가지를 고려해보는 기회를 제공해 줄 것이다.

Ozymandias

I met a traveller from an antique land,
Who said—"Two vast and trunkless legs of stone
Stand in the desert°. . . . Near them, on the sand,   *desert*
Half sunk a shattered visage lies, whose frown,
And wrinkled lip, and sneer of cold command,   5
Tell that its sculptor well those passions read
Which yet survive, stamped on these lifeless things,
The hand that mocked them, and the heart that fed;

And on the pedestal, these words appear:
My name is Ozymandias, King of Kings:　　　　　　　　10
Look on my Works, ye Mighty, and despair!
Nothing beside remains. Round the decay
Of that colossal Wreck, boundless and bare
The lone and level sands stretch far away."

오지만디아스

고대의 나라에서 온 한 여행자를 만났더니
이런 말을 했소. "돌로 만든, 거대하고 몸통 없는 두 개의 다리가
사막에 우뚝 서 있다오. . . . 그 근처 모래 위엔
산산조각난 안면(顔面)이 반쯤 파묻혀 있는데, 그 찡그린 표정,
주름진 입술, 그리고 싸늘한 명령에 깃든 냉소는　　　　　　5
그 조각가가 그런 열정을 잘 읽었음을 말해 준다오.
그리고 그 열정은 이 생명 없는 사물들에 찍혀져
그 열정을 모사하며 조롱했던 손보다, 그 열정을 키웠던 가슴보다 더 오래 아
　　직껏 남아 있다오.
그리고 대좌(臺座)엔 이런 말이 새겨져 있다오.
'내 이름은 오지만디아스, 왕중왕이로다.　　　　　　　　10
내 업적을 보라, 너희 강대한 자들아, 그리고 절망하라!'
아무것도 그 옆엔 남아 있지 않다오. 황폐해진
그 거대한 잔해 주위엔 끝없이, 그리고 풀 한 포기 없이
황량하고 평평한 사막만이 저 멀리까지 뻗어 있다오."

분명히 우리는 각 단어의 의미를 알아야 한다. 때로 우리는 친숙하지 않은 단어들을 찾아보거나 친숙한 단어의 유별난 의미를 알아내기 위해 사전을 이용해야 할 테지만, 대개의 경우 이 시에 제시된 상황 자체가 우리가

확신을 갖지 못한 어떤 단어의 사전적 의미를 충분히 보여줄 것이다. 이 시에서는 아마 고유명사인 '오지만디아스'만이 친숙하지 않은 단어일 텐데, 이 시는 우리가 그에 관해 알 필요가 있는 모든 것을 말해 준다. 오지만디아스는 이집트의 실제 왕[람세스 2세](1304-1237 B.C.]이었다. 그의 조상(彫像)에 관해 한 그리스 역사가가 기술한 바 있지만, 그것은 셸리(Percy Bysshe Shelley, 1792-1822) 시대에는 이미 사라지고 없었다. 이 경우 그같은 추가적 정보는 우리가 이 시를 이해하는 데 별로 도움이 되지 않지만, 다른 상황에서는 필수적인 것일 수도 있다. 과거 작가들에게 말을 걸고 있는 에드윈 알링턴 로빈슨(Edwin Arlington Robinson, 1869-1935)의 몇몇 시편들은 조지 크랩(George Crabbe, 1754-1832)이나 막스 노르다우(Max Nordau, 1849-1923) 같은 이름을 알고 있지 못한 독자에게는 거의 의미가 없다. 이 시에 나오는 몇몇 단어들은 일상적인 용어들의 다소 예기치 못한 동의어들이다. 이를테면, 시인이 "ancient" 대신 "antique"를 사용해서 얻은 효과는 무엇인가? 두 단어의 정상적인 강세에 있어서의 차이는 중요하지 않은데, 왜냐하면 해당 행의 리듬은 어느 단어를 선택하건 불규칙할 것이기 때문이다. "antique"라는 단어는 확인되지 않은 그 나라가 아주 오랜 옛날에 존재했었다는 점뿐만 아니라 다소 별스럽고 케케묵은 곳이라는 점, 즉 한때 위대했던 한 왕이 위엄을 상실했다는 것을 우리가 받아들이도록 준비시키는 특질들을 암시한다. 제4행에서 "visage"라는 단어는 "face"라는 단어의 격식 차린 동의어이고, 그래서 그것은 한 오만한 군주를 부각시키는 데 이바지한다.

「오지만디아스」는 대부분의 시들과 마찬가지로 정상적인 영어 문장들로 이루어져 있다. 우리의 첫 번째 관심사는 시인의 구두점 사용, 그리고 문법 및 문장 구조에 대한 우리 자신의 지식을 길잡이 삼아 이 문장들의 명백한 의미(*plain sense*)를 이해하는 것이다. 그렇지만 때로 시의 압축과 응축은 문장을 모호하게 만든다. 그런 경우에 우리는 이해를 위한 조력자이자 효과적인 낭송의 길잡이로서 문장의 부분들간의 문법적 관계를 반드시 확인하는 편이 낫다. 「오지만디아스」에서 제8행은 한 가지 난점을 제시한다―어떻게 이 어구들은 문장의 나머지 부분과 관련되는가? 조각가의 손은 왕의 열정을 "모사했을 뿐만 아니라 조롱했으며"("mocked"의 두 가지 의미), 왕 자신의 가슴은 그 열정을 키웠다. 그러나 만일 우리가 "survive"가 그 손과 가슴―설령 "stamped on these lifeless things"라는 어구에 의해 분리되어 있다 하더라도, 그 동사의 목적어들인―보다 "오래 살아남는다(outlive)"는 것을 뜻한다는 점을 깨닫지 못한다면, 제8행은 바로 앞 행과 연관되지 못한 채 저 혼자 허공에 매달려 있는 것처럼 보일 수도 있다. "Stamped on these lifeless things"는 "passions"를 수식한다.

시는 대체로 보다 **구체적**(*concrete*)이고 **특정한**(*specific*) 것이라는 점에서 몇몇 종류의 산문과 다르다. 즉, 시는 추상적 일반화들을 함축적으로 구체화하는 한 특정한 상황이나 사건을 다룸으로써 경험・정서・태도・명제들을 전달한다. 「오지만디아스」에서 셸리는 한 사막 장면을 제시하는데, 이 장면으로부터 우리는 한 오만한 왕국의 몰락을 추론할 수 있다. 유형의 물상들이 인간의 허영은 결국 무(無)로 귀결된다는 생각을 명백히 구체화하기 때문에, 그는 이 장면의 '교훈'을 진술할 필요가 없다. 시인들은 때로 자신들의 작품 속에 명시된 추상적 원리들을 실제로 진술하기도 하지만, 추상적인 진술이 구체적이고 특정한 **극적 상징들**(*dramatic symbols*) 속에 완전히 합체되지 않을 경우 실패한다고 우리는 대체로 결론짓는다. 다른 문학 장르와 마찬가지로, 시는 그것이 전달하는 관념들이 어떤 것이건 그 관념들을 실연(實演)한다는 의미에서 **극적 방법**(*dramatic method*)을 사용한다.

시는 종종 상상된 한 극적 상황(*dramatic situation*)을 활용하는데, 이 극적 상황은 다음 질문들의 일부 또는 전부에 답변함으로써 규정될 수 있다. 누가 말하고 있는가? 누구에게 말하고 있는가? 어떤 상황에서 말하고 있는가? 자신이 얘기하는 제재에 대한 화자의 태도는 어떤 것인가? 청중에 대한 화자의 태도는 어떤 것인가? 때로 인용부호들은 그 시가 한 허구적 화자의 말들로 이루어져 있음을 나타내지만, 인용부호들이 없다고 해서 시인이 시행들을 말하는 한 인물을 상상하지 않았다는 것은 아니다. 「오지만디아스」는 대부분의 시편들보다 더 명시적으로 그 극적 상황을 묘사한다. 연이어 나오는 두 화자들(먼저 말하는 '나'와 '고대의 나라에서 온 한 여행자')은 그 장면이 셸리의 당대의 삶과 떨어져 있음을 강조하고, 몇 백년이 길게 흘렀음에 대한 독자의 인식을 증대시킨다.

시는 대체로 얼마간의 서사를 포함한다. 명시적이건 묵시적이건 이 스토리는 그 시의 주된 관심사일 수도, 또는 어떤 태도나 명제를 전달하는 수단일 수도 있다. 「오지만디아스」의 중요한 서사적 요소는 우리가 보아왔듯이 묵시적인 것이지만 이 시에서 핵심적으로 중요하고, 독자가 그것을 재구성하기 때문에 그만큼 더 인상적이다.

시는 동시에 많은 방식으로 전달한다. 여러 전달 수단들은 서로 상호작용하면서 — 그리고 서로를 강화시키거나, 서로를 한정하거나, 서로 맞설 수도 있다 — 별개로 받아들여진 여러 구성 성분들의 영향보다 더 큰 망상조직(網狀組織) 효과를 낳는다. 우리가 예로 든 시는 어떻게 문장 구조, 구체적인 세부, 단어의 의미들과 연상들, 그리고 함축된 극적 상황이 모두 그 시의 총체적 효과에 이바지하는지를 보여주고 있다. 하나의 예술 작품은 한 전체로서 경험되어야 한다. 그것은 한 운반수단에 실려 내내 날라지는 한 주제에 불과한 것이 아니라, 주제와 형식의 분리불가능한 융합, 함께 어우러진 완벽한 흐름인 것이다. 로버트 브라우닝(Robert Browning, 1812-1889)의 짤막한 다음 시편을 검토해 보자.

*Meeting at Night

1

The gray sea and the long black land;
And the yellow half-moon large and low;
And the startled little waves that leap
In fiery ringlets from their sleep,
As I gain the cove with pushing prow,   5
And quench its speed i' the slushy sand.

2

Then a mile of warm sea-scented beach;
Three fields to cross till a farm appears;
A tap at the pane, the quick sharp scratch
And blue spurt of a lighted match,   10
And a voice less loud, through its joys and fears,
Than the two hearts beating each to each!

한밤의 밀회

1

잿빛 바다와 길게 펼쳐진 캄캄한 육지,
낮게 걸린 커다란 노란 반달,
잠자다 깜짝 놀라 작은 불고리 이루며
뛰어오르는 잔물결들―

내가 뱃머리 밀며 작은 만에 닿아　　　　　　　　　　　　5
　　질퍽한 모래 속에 쉬익 하며 배의 속도를 죽였을 때.

　　　　　　　　　2
　　그리고는 훈훈한 바다 내음 풍기는 해변 1마일,
　　농장이 나타날 때까지 지나가야 할 밭 세 개,
　　창문 한 번 똑똑 두드리는 소리, 재빨리 쇄악 긋는 소리와
　　불붙은 성냥에서 솟구치는 파란 불꽃,　　　　　　　　10
　　그리고 기쁨과 불안 속에 서로를 향해 두근거리는
　　두 가슴보다 더 숨죽인 한 목소리!

　이 시의 서사적 내용은 정말로 빈약하다. 빈약한 스토리는 진술되기보다는 함축되어 있는데, 왜냐하면 시인은 어떤 연에서도 완전한 문장을 사용하고 있지 않기 때문이다. 더욱이 이 시가 한밤의 밀회를 서두르는 한 연인의 정서들을 구체화한다고 말하는 것은 시 전체에 의해서만 전달될 수 있는 그 생생하게 실감된 경험 전부를 이 시에서 다 비워버리는 셈이다. 서두 행들의 이미지들은 상당히 일반적인 것인데, 어둠 속에서 보이는 것은 바다와 육지의 흐릿한 윤곽들만이라는 점을 시사하기 위한 것이다. 색조(色調)들 역시 이와 비슷하게 약화되어 있다. 실제로, 이 장면이 정확하고 눈부신 시각적 이미지들을 제공하지 않기 때문에, 시인은 시각이 도움이 되지 않을 때 더 예민해지기 마련인 다른 여러 감각들에 호소한다. (ch와 sh 같은 이형(異形)들을 포함한) 연속적인 s음들이 나오는 제6행은 해변으로 조심스럽게 진입하는 보트의 숨죽인 소음을 암시한다. 제7행에서 모래에 남아 있는 열기의 훈훈함과 해안의 내음은 다른 감각들에 호소한다. 제9행에서 "A tap at the pane"에서의 일련의 짧고 급속한 음절들과 "the quick sharp scratch"에서의 보다 느리고 보다 긴 강세 있는 음절들은 그 어구들에서 명명된 음들을 적절하게 모방한다. 제10행은 생생하지만 간략한, 최종적인 시각적 이미지를 담고 있다. 이미지들의 효과는 독자로 하여금 단순히 그 경험에 관해 듣기보다는 그 경험을 살아내도록 만드는 것이다.

브라우닝은 또 리듬들을 능란하게 조작하면서 자음 음들 및 모음 음들과 결합시킴으로써 행위의 템포와 정서적 가속(加速) 또는 완화를 암시하도록 했다. 기본 율격(律格)은 약강 4보격이다. 다시 말해서, 정상 시행은 각각 네 개씩의 강세 없는 음절과 강세 있는 음절이 교대하는 패턴을 갖게 될 것이다. 완벽하게 규칙적인 시행들은 거의 없고, 여러 종류의 이형들이 나타난다. 정상 시행은 움직임에 있어서 매끄럽고 수월하며 적당히 느리지만, 정상적으로는 강세 없는 하나 또는 그 이상의 음절들이 강세 음절들로 바뀌면 속도가 느려진다. 그래서 제1행에서 "gray," "sea," "long," "black," 그리고 "land"는 모두 강세를 받는다. 이 행은 느려지고 길어져서 고요한 바다 위를 천천히 미끄러져 가는 것을 암시한다. 제2행은 서두에서 강세 없는 음절 하나를 덧붙인 것을 빼고는 규칙적이다. 제2행의 움직임은 제1행과 비슷하게 적당하다. 리듬의 효과는 낭송에서는 길어지는 *l*음들의 빈번한 출현에 의해 강화된다. 제3행에서 *l*음들이 *t*음들과 교대하면서 해안 근처의 잔파도들이 일렁이는 효과를 낳는다. 마지막 두 행에서 움직임은 강세 없는 음절들이 덧붙여짐으로써 빨라지는데, 이 강세 없는 음절들은 각 행의 총 음절수를 늘리긴 하지만 신속하게 발음되어져야 하고 따라서 움직임을 재촉한다. 그래서 "And a," "through its," 그리고 "Than the"는 모두 행들의 속도를 빠르게 하여 만남의 순간에 있어서 고동이 빨라지는 것을 암시한다. 마지막 행에서 "two," "hearts," 그리고 "beat-"는 모두 강세를 받아(비록 "hearts"가 가벼운 강세를 받긴 하지만) 속도를 늦추고 시가 심장 박동 같은 두 개의 규칙적인 약강 박자로 마무리될 때의 안심 상태와 휴식에 대비한다.

    이미 시 자체보다 훨씬 더 길어진 이 산문 주석은 분명히 시를 대체하기에는 전혀 합당치 않다. 우리의 분석은 결코 철저한 것일 수 없고, 이 시에서 함께 작용하여 총체적 효과를 낳는 요소들을 자의적으로 분리시킨다. 우리의 앞으로의 논의는 어떻게 이 요소들과 다른 요소들이 융합되어 시 전체를 만들어내는지를 보다 상세하게 검토할 것이다.

제2장

시의 언어

한 편의 시에서 단어들의 선택은 그것의 어법(語法, *diction*)으로 불린다. 시가 압축되어 있고 강렬하기 때문에, 그리고 시가 동시에 많은 방식으로 전달하기 때문에, 시인은 무척 세심하게 자신의 단어들을 선택한다. 따라서 독자는 한 편의 시의 어법에 있어서의 정확한 의미와 함축에 민감해야 한다. 이 말이 곧 시에만 적합한 특별한 어휘가 있다는 뜻은 아니다. "o'er[=over]" 같은 축약형들이나 "ere[=before]" 같은 고문체(古文體, archaism) 표현들이 평범한 글을 페가소스(Pegasus)의 날개를 타고 날아오르게 만든다는 생각은 결코 정당한 것이 아니었고, 시인이 "fish[물고기]"를 뜻하면서 "finny tribe[지느러미 달린 족속]" 같은 별난 수식어를 사용하는 유행은 거의 200년 전에 사라졌다. 시인은 한 편의 시에서 자신의 목적에 가장 적합한 단어들을 선택하고, 인간의 활동과 관념과 정서의 전 범위가 이제 시의 영역 내에 들어 있기 때문에, 언어의 어휘 전체가 적합한 단어들을 고르기 위해 체로 걸러질 수 있다.

1 어법: 외연과 함의

한 단어의 두 측면들, 즉 외연(外延, denotation)과 함의(含意, connotation)를 구분해보는 것이 유익할 것이다.

한 단어의 외연은 그것의 사전적 정의―아마 초연하고 과학적이고 (평가적이라기보다) 기술적인 방식으로 고려된, 그 단어가 명명하거나 기술하거나 이야기하는 것―이다. 물론 우리가 확실히 해두어야 할 것은 각 단어의 올바른 사전적 의미를 이해해야 한다는 것이다. [에드워드 피츠제럴드(Edward Fitzgerald, 1809-1883)가 번역한] 『오마르 하이얌의 루바이야트』(*The Rubáiyát of Omar Khayyám*)의 다음 시행들은 "gin"이라는 단어의 이례적인 외연을 보여준다.

> O Thou, who didst with pitfall and with *gin*
> Beset the Road I was to wander in, . . . (ll. 317-18)

> 오, 함정과 덫을
> 내가 헤매고 다닐 길목에 쳐놓은 당신, . . . (317-18행)

오마르가 술을 찬미하기 때문에, 우리는 그가 여기에서 자신의 삶의 위험들 중의 하나로서 독한 술을 지칭하고 있다고 추정하게 될지 모른다. 그렇지만 "gin"의 또다른 외연은 사냥감을 사로잡기 위해 길목에 놓은 덫이다. 그 단어의 이같은 의미는 "pitfall" 및 "road"와 조화를 이루면서 보다 정확하고 일관된 묘사를 만들어낸다. 이와 비슷하게, 에드윈 알링턴 로빈슨(Edwin Arlington Robinson, 1869-1935)의 「신조(信條)」("Credo")는 예기치 않은 한 단어를 담고 있다.

> I cannot find my way: there is no star
> In all the *shrouded* heavens anywhere; . . . (ll. 1-2)

길을 찾을 수 없다. 수의(壽衣)에 싸인
하늘 어디에도 별이 없으니. . . . (1-2행)

시인이 "clouded"라고 썼더라도 그 행의 음가(音價)는 거의 동일했을 것이고, 진술 또한 축자적으로는 정확한 것이었을 터이다. "Shrouded"는 장례 의상인 수의에 싸여 있음을 뜻한다. 이처럼 이 단어의 외연은 한때 살아 있었지만 이제는 죽은 한 실체로서의 하늘을 비유적으로 그려낸다.

더욱이 "shrouded"는 죽음, 시체, 애도, 침묵 등의 연상들을 갖고 있다. 그것은 공포와 혐오의 불편한 느낌을 안겨준다. 한 단어가 그 역사를 통해 그러모아 왔거나 주어진 배경에서 얻게 되는 정서적 연상들의 이같은 축적을 우리는 그것의 함의라고 부른다. 함의는 태도들과 가치들을 나타냄으로써, 맛이나 위트로 의미의 맨뼈들에 살을 붙임으로써 외연을 보충한다. 외연에 있어서는 본질적으로 동의어인 다음의 단어 쌍들에서 함의의 차이들을 고려해 보자. house—home, dog—cur, girl—wench, face—visage, report—rumor, damage—mischief, conciliate—appease, mundane—worldly, enmity—hostility, pride—vanity, tremble—shudder, adventurous—daring, disciple—henchman. 각 사례에서 외연에 있어서의 약간의 차이가 수반되긴 하지만, 함의에 있어서의 차이는 훨씬 더 놀랍다. 대체로 시인은 널리 공유된 함의들을 통해 전달하지만, 때로는 그의 시대나 그의 삶 또는 그의 다른 작품들을 연구해야 발견될 수 있는 제한된, 또는 사적(私的)이기까지 한 함의들을 사용한다. 뱀을 좋아하거나 강아지를 혐오하는 사람들도 있듯이, 독자 또한 한 편의 시를 읽으면서 사적 함의들을 활용할 수도 있다. 이런 도움들이 그 시를 풍요롭게 만들 수도 있지만, 반대로 모호하게 만들 가능성이 더 높다.

외연들뿐만 아니라 공적(公的) 함의들도 여러 해에 걸쳐 변할 수 있다. 대체로 적어도 해당 시의 대략적인 창작 일시라도 아는 것이 우리에게 도움이 되는데, 그럴 경우 우리는 각 단어를 시인이 의도한 의미로 이해할 수 있는 것이다. 「노수부의 노래」("The Rime of the Ancient Mariner")에서 노수부는 "the *silly* buckets on the deck[갑판 위의 소박한 양동이들]"(297행)에 관해 말한다. 여기에서 "silly"라는 단어는 그 고어적 의미인 "simple[소박한]" 또는 "rustic[시골풍의, 조야한]"을 뜻하는데, 코울리지(Samuel Taylor Coleridge, 1772-1834)는 자신의 서술자의 유령 같은 고색창연함을 더하기 위해 고어적 의미를 사용하고 있다. 르네상스기에 이 단어는 또 "frail[연약한]," "helpless[무력한]" 또는 "innocent[순진무구한]"를 뜻하기도 해서, 우리는 "silly sheep"이라는 어구를 접하기도 한다. "foolish[어리석은]"나 "stupid[우둔한]" 같은, 이 단어의 현대적 외연을 적용하는 것은 이 행들에 대한 이해를 가로막게 될 것이다. 문학은 함의들을 고정시켜 널리 유통시키려는 경향이 있다. 그럼에도 불구하고 변하는 함의들은 어려움을 안겨줄 수도 있다. 「가을에게」("To Autumn")라는 송가(頌歌, ode)에서 키츠(John Keats, 1795-1821)는 벌집의 봉방(蜂房)들을 "clammy"(11행)한 것으로 지칭한다. 현재 용례에서 이 단어는, 특히 "cold and clammy"라는 적절한 어구에서, 축축하고(damp) 으슬으슬하고(chilly) 불쾌한(repulsive) 어떤 것을 암시한다. 이 용어의 사전적 정의는 "soft, moist, and sticky[부드럽고, 축축하고, 끈적거리는]"인데, 그래서 만일 우리가 이 단어가 갖게 된 대중적 함의들을 무시한다면 이 단어의 외연은 더할 나위 없이 적절하다.

2 이미저리

시에서 특히 중요한 언어의 또다른 특질은 감각 기관의 자극에 의해 만들어진 효과와 거의 동일하다고 할 만한 효과를 마음 속에서 생산해낼 수 있는 능력이다. 우리는 때로 마음속의 그림[심상(心象)]들에 관해 말한다. 실제로 우리가 뜻하는 바는 눈, 시신경(視神經), 그리고 두뇌의 해당 영역들을 통해 우리가 한 시각 대상을 지각함으로써 생산되는 효과와 무척 유사한, 마음속의 한 효과이다. 「성(聖) 아그네스 축일 전야(前夜)」("The Eve of St. Agnes")의 한 연을 검토해 보자.

> A casement high and triple-arched there was,
> All garlanded with carven imag'ries
> Of fruits, and flowers, and bunches of knot-grass,
> And diamonded with panes of quaint device,
> Innumerable of stains and splendid dyes,
> As are the tiger-moth's deep-damask'd wings;
> And in the midst, 'mong thousand heraldries,
> And twilight saints, and dim emblazonings,
> A shielded scutcheon blushed with blood of queens and kings.
>
> (ll. 208-16)

> 삼중(三重) 아치의 높다란 여닫이창이 하나 있는데,
> 온통 과일들과 꽃들과 마디풀 다발들의
> 형상들이 새겨진 화환 무늬로 장식되고,
> 마치 불나방의 깊게 물결 무늬진 날개처럼
> 무수한 착색제와 화려한 염료(染料)들을 사용한
> 진기하게 고안된 다이아몬드형 창유리들이 끼워져 있었다.

>그리고 한복판에, 천 개의 문장(紋章)들과
>어슴푸레한 성인상들과 어렴풋한 문장 장식들 사이에,
>왕비들과 왕들의 피로 붉게 물든 문장이 그려진 방패가 있었다. (208-16행)

키츠는 눈에 보이는 수많은 물상들을 명명하고 묘사한다. 한 "여닫이창(casement)"(왜 "보통 창문(window)"이 아닌가?)은 "높다랗고" "삼중 아치"로 되어 있고, 과일들과 꽃들과 마디풀 다발들의 형상들이 새겨진 "화환무늬로 장식되어 있으며," 다이아몬드형 착색 유리창들은 불나방의 날개 색깔을 보여준다, 등등의 묘사가 연 전체에 걸쳐 나온다. 이 마음속 그림[심상]들, 그리고 그것들을 제시하는 언어는 이미저리(*imagery*)로, 그리고 개별 그림(또는 그것을 구체화하는 단어)은 이미지(*image*)로 불린다.

거듭 말하지만 우리는 단어들의 의미들을 이해해야 하는데, 이 말은 이와 연관하여 아마 우리가 그 단어들이 우리에게 진정으로 의미 있는 것이 될 수 있도록 명명되고 묘사된 물상들에 대한 감각 경험을 상기하거나 관련된 물상들로부터 그러한 경험을 상상적으로 구성할 수 있어야 한다는 것을 또한 뜻한다. 만일 우리가 또 불나방이나 그와 유사한 어떤 것을 본 적이 없다면, "통통한 몸집과 줄무늬나 점이 박힌 날개를 특징으로 하는 나방이과(Arctiidae)의 한 부류"라는 메리엄-웹스터(Merriam-Webster) 사전의 정의를 안다고 해도 우리가 어떤 명료한 이미지를 떠올리는 데 별 도움이 되지 않을 것이다. 따라서 이미저리는 대체로 마음속 인상들을 창시하기보다는 상기시키는데, 그래서 독자는 시적 이미지를 창조하는 일에 얽혀들게 되는 것이다. 독자는 그의 경험이 그에게 풍성하게 비축된 이미지들을 제공해 주는 만큼 반응할 것이다. 시적 과정에 있어서의 독자의 이같은 창조적 참여를 감안하더라도 우리는 유능한 독자가 시로 그 자신의 공상들을 엮어 짠다고 추정해서는 안되고, 독자가 실제로 시에 들어 있는 자극들에 충분히 반응한다고 추정해야 한다.

앞의 예시들은 가장 빈번한 이미저리인 시각적 이미저리(*visual imagery*)를 다루고 있다. 그렇지만 시는 다른 감각들에도 호소한다. 「성 아그네스 축일 전야」의 또다른 연에서 따온 다음 시행들은 우리가 대충 촉각(觸覺)이라고 부르는 바에 호소하는 이미지들을 담고 있다.

>Soon, trembling in her soft and chilly nest,
>In sort of wakeful swoon, perplex'd she lay,
>Until the poppied warmth of sleep oppress'd
>Her soothed limbs, and soul fatigued away; . . . (ll. 235-38)

>이내 자신의 부드럽고 싸늘한 보금자리에서 떨면서,
>일종의 눈뜬 혼절(昏絶) 상태에서 비몽사몽간에 그녀는 누워 있었고,
>마침내 잠의 나른한 온기가 진정된 사지(四肢)를
>압박하고 영혼을 지치게 하여 앗아가고, . . . (235-38행)

"Trembling," "soft," "chilly," "wakeful swoon," "poppied"(즉, 아편으로 인한 나른함 같은), "warmth," "soothed" 등의 어구들은 모두 잠들기 직전의 감각 작용들을 암시한다. 날이 어둡기 때문에, 시각적인 이미지는 하나도 없다. 로버트 프로스트(Robert Frost, 1874-1963)의 「자작나무들」("Birches")에는 다음과 같은 놀라운 촉각적 이미지들이 나온다.

>. . . life is too much like a pathless wood
>Where your face burns and tickles with the cobwebs
>Broken across it, and one eye is weeping

>   From a twig's having lashed across it open. . . . (ll. 44-47)

>   . . . 삶은 정말 길 없는 숲 같아서
>   거미줄에 걸려 얼굴이 근지럽게 달아오르고,
>   무방비 상태로 잔가지에 호되게 맞아
>   한쪽 눈에서 눈물이 날 때면. . . . (44-47행)

청각적 이미저리(*auditory imagery*) 역시 상당히 빈번하다. 이 이미저리는 또 다시 「성 아그네스 기념일 전야」에서 따온 다음 사례에서처럼 소리들을 명명하고 묘사함으로써 생겨날 수 있다.

>   The boisterous, midnight, festive clarion,
>   The kettle-drum, and far-heard clarionet,
>   Affray his ears, though but in dying tone: —
>   The hall door shuts again, and all the noise is gone. (ll. 258-61)

>   한밤중의 소란스럽고 흥겨운 클라리온,
>   팀파니, 그리고 멀리서 들리는 클라리넷이,
>   비록 잦아드는 가락이지만 그의 귀청을 때린다.
>   홀 문이 다시 닫히자 온갖 소음이 사라진다. (258-61행)

다른 곳에서 키츠는 그가 사용하는 단어들의 음들로 자연음들을 모방함으로써 청각적 이미저리를 강화시킨다.

>   The silver, snarling trumpets 'gan to chide: . . . (l. 31)

>   요란한 은트럼펫들이 사납게 짖어대기 시작했다. . . . (31행)

> . . . meantime the frost-wind blows
> Like Love's alarum *pattering the sharp sleet*
> Against the window-panes; . . . (ll. 322-24)

> . . . 그 사이에 유리창에
> 매서운 진눈깨비를 때려대며 사랑의 신의 경종(警鐘)처럼
> 서릿바람이 분다. . . . (322-24행)

우리가 뒷부분에서 보다 충실하게 논의할 이 기교는 의성어(擬聲語, *onomatopoeia*)로 알려져 있다.

전통적인 오관(五官) 중 다른 감각들, 즉 미각(味覺)과 후각(嗅覺)은 이미 저리에서 덜 빈번하게 연루되고, 우리에게 우리 자신의 감각 경험들을 상기시키거나 신기한 맛이나 냄새를 친숙한 맛이나 냄새와 비교함으로써 거의 일정하게 작용한다. 「서시스」("Thyrsis")에서 매슈 아놀드(Matthew Arnold, 1822-1888)는 "이내 우리는 보게 되리라 . . / 수수한 오두막 내음을 지닌 패랭이를,/ 향기롭게 피어난 스토크꽃들을(Soon shall we have . . ./ Sweet-William with his homely cottage smell,/ And stocks in fragrant blow)"(64-66행), 그리고 조금 뒤에 "갓 베어낸 건초 냄새(And scent of hay new-mown)"(76행)라고 쓰고 있다. 맛과 냄새를 묘사하는 어휘는 형체나 색깔을 묘사하는 어휘에 비해 무척 적다.

그렇다면 이미저리는 명칭들, 묘사들, 리듬들("울리는 울리는 종들의 끝없는 뗑그렁 소리(the tolling tolling bells' perpetual clang)"[Walt Whitman, "When Lilacs Last in the Dooryard Bloom'd," 43행]), 지적 연상들("고통 당하는 신처럼 열망하면서 . . . 음악을 . . .(The music, yearning like a god in pain)"[John Keats, "The Eve of St. Agnes," 56행]), 또는 이 기교들 중

함께 작용하는 몇 가지에 의해 생겨날 수 있다. 결국 이미저리는 우리가 문학에 귀속시켜 온 구체적이고 특정한, 따라서 감동적이고 인상적인 특질을 얻기 위해 문학이 사용하는 주요 수단들 중의 하나인 것이다.

3 비유적 언어

시어법의 또다른 중요한 특질은 비유적 언어(figurative language)이다. 말의 비유들(figures of speech)은 아무리 다양하다 하더라도 한 가지 공통점을 갖고 있다. 즉 이들은 어떤 것을 다른 어떤 것과 관련시킴으로써 다룬다는 것이다. 비유들을 확립함으로써 생겨나는 관계와 효과들은 무수하다. 우리는 여기에서 가장 빈번히 사용되는 비유들만을 따로 선별했지만, 이 부류들은 우리가 알아보게 될 비유들의 대부분을 설명해 줄 것이다. 비유들을 분류하는 것보다 더 중요한 것은 비유들이 만들어내는 효과들이다.

⟨1⟩ 은유

한 작가나 화자가 어떤 것이 대부분의 경우 실제로 그것과는 다른 어떤 것이라고 또는 어떤 것과 등가물이라고 단언할 때, 그 비유는 은유(隱喩, *metaphor*)로 불린다. 월터 롤리 경(Sir Walter Ralegh, 1552-1618)이 쓴 다음의 짧은 시편을 살펴보자.

What is our life?

What is our life? a play of passion;
Our mirth the music of division;

Our mother's womb the tiring-houses be
Where we are dressed for this short comedy.
Heaven the judicious sharp spectator is,   5
That sits and marks still who doth act amiss;
Our graves that hide us from the searching sun
Are like drawn curtains when the play is done.
Thus march we, playing, to our latest rest,
Only we die in earnest—that's no jest.   10

삶이란 무엇인가?

삶이란 무엇인가? 하나의 격정극(激情劇),
우리의 환희는 빠른 반주 음악,
어머니의 자궁은 분장실,
거기서 우리는 이 짤막한 희극을 위해 옷을 갈아입는다.
하느님은 분별력 있는 예리한 관객,   5
틀리게 연기하는 자를 조용히 앉아 채점한다.
날카로운 햇살에게서 우리를 가려주는 무덤은
연극이 끝났을 때 드리워지는 커튼 같다.
이렇게 우리는 연기하며 최후의 안식을 향해 행진하는데,
오직 우리는 진지하게 죽어갈 뿐—이건 결코 농담이 아니다.   10

우리의 삶이 "하나의 격정극"이라는, 제1행에서의 롤리의 단언은 은유인데, 왜냐하면 그것은 "삶"과 "극"을 동등시하기 때문이다. 빈번히 주사(主辭, *principal term*)—여기에서는 "삶"—는 추상적이고 막연하고 만질 수 없거나 친숙하지 않고, 반면에 빈사(賓辭, *secondary term*)—우리 예에서는 "극"—는 구체적이고 명확하고 친숙하다. 그렇다면 그 효과는 만질 수 없

는 주사를 논의를 위해 생생하고 활용 가능하게 만드는 것이다. 두 명사(名辭, term)[논리학에서 하나의 개념을 나타내고 명제를 구성할 수 있는 말. 여기에서는 주사와 빈사가 기본적으로 유사하지 않기 때문에, 은유는 그들이 공유하는 특질들을 크게 강조한다—롤리가 무대 연극의 짧음과 하찮음에 관심을 환기시키고는 이 특징들을 "이 짤막한 희극"인 삶에 귀속시키듯이. 롤리가 얼마간 재간을 부려 자신이 알아차린 삶과 연극의 동일성이 각 장관(壯觀)의 부수적 부분들간에도 적용된다고 단언함으로써 **확장된 은유**(extended metaphor)를 만들어냈음에 유의하라. 즉, 웃음은 반주 음악이고, 자궁은 분장실이고(둘 다 준비하는 장소이다), 하느님은 판정하는 관객이고, 무덤은 장관이 끝날 때 드리워지는 커튼이다. 결국 이 은유는 또한 주사를 특정한 태도를 염두에 두고서 선택된 빈사에 비유함으로써 주사에 빈번히 판단을 내린다. 롤리의 "격정극"은 "짤막한 희극"이 되는데, 짐작컨대 이것은 다소 슬프게도 삶이 우리가 생각하고 싶어하는 것만큼 그렇게 진지한 것이 아니라는 점을 암시하기 위한 것이다.

비록 롤리가 그 은유의 완전한 형태, 즉 "삶은 짤막한 희극이다"라는 표현을 사용하지 않고 삶을 "이 짤막한 희극"으로 별 생각 없이 지칭한다 하더라도, 그 은유적 힘은 전혀 상실되지 않는다. 그러한 비유는 **함축적 은유**(implicit metaphor)로 불린다. 테니슨(Alfred, Lord Tennyson, 1809-1892)의 「율리시즈」("Ulysses")에서 화자인 영웅은 "나는 삶을/ 마지막 앙금까지 남김없이 다 마시겠노라(I will drink/ Life to the lees)"(6-7행)라고 말한다. 여기에서 자신의 삶을 끝까지 다 마셔버리는 경험을 목말라 하는 한 인간을 그리는 이 함축적 은유는 컵의 밑바닥에 남은 침전물인 "앙금"에 의해 강화된다.

비록 우리가 때로 수세기 전에 새 단어들을 낳게 한 애초의 비교들을 잊어버리기 쉽지만, 우리 언어의 많은 부분은 기원에 있어서 은유적이다. 에머슨(Ralph Waldo Emerson, 1803-1882)이 「자연」("Nature")이라는 에세이에서 말하듯이, "도덕적이거나 지적인 한 사실을 표현하는 데 사용된 어떤 단어이건, 그 뿌리까지 추적해 보면, 어떤 물질적 현상으로부터 빌어온 것으로 밝혀진다. 'Right[올바른]'은 'straight[곧은]'을, 'wrong[잘못된]'은 'twisted[비틀린]'를 뜻한다. 'spirit[정신]'은 일차적으로 'wind[바람]'를, 'transgression[위반]'은 'crossing of a line[선을 넘는 것]'을, 'supercilious[거만한]'는 'raising of the eyebrow[눈썹을 치뜨는 것]'를 뜻한다." 속어(俗語, slang)는 종종 재치 있는 함축적 은유로 시작되지만 남용되어 곧 닳아빠지게 되어서, 우리는 그 은유적 기원을 잊게 된다. 그 결과 "의자의 팔, 또는 팔걸이(the arm of a chair)"나 "벼랑의 이마, 벼랑 머리, 또는 벼랑의 위끝(the brow of a cliff)" 같은 죽은 은유(*dead metaphor*)가 생겨난다. 맨처음에 "그것 가지고 장난치지 말라(Don't monkey with that)"라고 말한 사람은 눈부신 풍자적 통찰력을 갖고 있었지만, 그 낡아빠진 어구를 사용할 때 오지랖넓은 작은 동물[원숭이]을 상상하는 사람은 이제 거의 없다. 마찬가지로, 외견상 추상적인 많은 용어들은 죽은 함축적 은유들이다. 조금만 노력을 기울이면 우리는 "어떤 생각을 이해하다 또는 파악하다(grasp an idea)"(또는 속어인 "catch on")라는 어구가 정신 작용이 마치 손으로 고체를 붙잡는 것과 흡사하다는 것을 암시한다는 사실을 기억할 수 있을 것이다. 그렇지만 우리는 "포착(prehension)"이 무엇인지를 기억하거나 또 코끼리가 "쥐어잡기에 적합한(prehensile)" 코를 갖고 있다는 사실을 기억할 때까지는 "파악(comprehension)"이 동일한 은유를 구체화하고 있다는 것을 인식하지 못할 수도 있다.

    시를 읽으면서 시의 구체적인 생동감을 충분히 이해하고 즐길 수 있으려면 단어들의 은유적 함축에 유의해야 한다. 우리는 대체로 "상술(詳述)하다(expatiate)"라는 단어가 "말이나 글에서 어떤 주제에 관해 상세하게 진술하다(to enlarge upon a theme in speech or writing)"를 뜻하는 것으로 이해한다. 이 의미는 "사냥감을 찾아 들판을 뒤지고 다니는 것"을 나타내기 위해 사냥에서 언젠가 사용되었던 그 단어의 예전의 구체적인 의미 — "한 지역을 이리저리 자유롭게 돌아다니다" — 에 근거한 한 죽은 은유를 구체화한다. (그 단어의 어원은 이 의미를 암시한다 — *ex*, out + *spatiari*, to walk about, from *spatium*, space.) 『인간론』(*An Essay on Man*)의 서두에서 포우프(Alexander Pope, 1688-1744)는 이 죽은 은유를 되살려낸다.

> Let us . . .
> Expatiate free o'er all this scene of man;
> A mighty maze! but not without a plan;
> A wild, where weeds and flowers promiscuous shoot,
> Or garden, tempting with forbidden fruit.
> Together let us beat this ample field,
> Try what the open, what the covert yield;
> The latent tracts, the giddy heights, explore
> Of all who blindly creep, or sightless soar;
> Eye Nature's walks, shoot folly as it flies,
> And catch the manners living as they rise; . . . (Epistle 1, ll. 3, 5-14)

자, 우리 . . .
자유롭게 돌아다닙시다 이 모든 인간 세상을,
거대한 미로(迷路)! 하지만 설계가 없지는 않은 곳을,
잡초며 꽃들이 뒤죽박죽으로 자라는 황야를,

아니면 금단의 나무 열매로 유혹하는 정원을.
함께 이 널따란 들판을 뒤지고 다니고,
탁 트인 곳과 덤불이 내놓는 것들을 찾아봅시다.
모두가 무턱대고 기어가거나 맹목적으로 날아오르는
숨은 계곡들과 아찔한 고산(高山)들을 탐사합시다.
자연의 보도(步道)들을 눈여겨보고, 우행(愚行)이 날아오를 때면 쏘아
    떨어뜨리고,
풍습들이 솟아오르면 산 채로 사로잡읍시다. (제1서한, 3, 5-14행)

  이 구절 도처에서 포우프는 인간 조건을 함께 논의하자고, 즉 한 추상적 주제를 함께 상술하거나 발전시키자고 한 친구에게 권유한다. 이 기도(企圖)를 한 사냥으로 재현함에 있어서 포우프는 그 단어의 예전의 구체적인 의미와 보다 최신의 추상적 의미의 은유적 관계를 이용하고 있다. 이 은유는 추상적 기획의 종속적 부분들을 그것의 구체적 재현에 맞춰 넣음으로써 확장된다. 즉, 인간의 삶은 야생이지만 설계가 없지는 않은, 다채로운 풍경이 되고, 인간들은 기어가거나 날아오르는 생물들이 되며, 우행들과 풍습들은 숨어 있던 곳에서 날아오르다 격추되는 엽조(獵鳥)들이 된다.
  그런데 어떤 작가들은 다음의 비유들을 변종(變種)으로 포함시키기 위해 은유를 비유적 언어와 같은 뜻을 지닌 한 총칭적 용어로 사용한다.
  은유와 밀접하게 관련된 비유는 직유(直喩, *simile*)인데, 직유에서는 동일성보다는 유사성이 단언된다. 이 비유는 "like," "as" 또는 "than" 같은 여러 단어들 중의 하나를 포함한다. 그래서 "우리의 무덤은 . . . 드리워진 커튼 같다(Our graves . . . are *like* drawn curtains)"라는 표현은 직유이다. 다음 사례에서 시인은 그의 직유의 두 명사(名辭)들을 하나로 만들어주는 단일한 특질―신속함―에 흥미가 있고, 그래서 「삶이란 무엇인가?」에서와 같

은 일대일 비교는 무익한 일이 될 것이다.

> Swift *as* the weaver's shuttle fleet our years.
> (Robert Browning, "The Bishop Orders His Tomb at Saint Praxed's Church," l. 51)

> 베틀의 북처럼 빠르게 세월이 날아가는군.
> (로버트 브라우닝, 「주교가 성 프락세데스 성당에 자신의 묘를 건조할 것을 명하다」, 51행)

직유의 격식 차린 한 변종은 서사시적 직유(epic simile)인데, 호메로스(Homer)의 서사시에서 빈번히 나타난다고 해서 그런 이름이 붙여진 것이다. 그것은 상당히 엄격한 공식에 따라 어느 정도 상세하게 발전된다. 즉, 신화나 역사, 또는 성서에 나오는 한 인물이 언젠가 어떤 일을 했던 것과 똑같이(또는 자연 속의 어떤 사물이 그러는 것과 똑같이), 이제 서사시에 나오는 한 등장인물은 유사한 어떤 일을 하는 것이다. 밀턴(John Milton, 1608-1674)은 위대한 그리스도교 서사시인 『실낙원』(*Paradise Lost*)에서 이 기교를 사용한다.

>   *As* when a flock
> Of ravenous fowl, though many a league remote,
> Against the day of battle, to a field,
> Where armies lie encamped, come flying, lured
> With scent of living carcasses designed
> For death, the following day, in bloody fight:
> So scented the grim feature,° and upturned   *death*
> His nostril wide into the murky air,
> Sagacious of his quarry from so far. (Book 10, ll. 273-81)

마치 굶주린
새떼가, 몇 백 리 떨어져 있으면서도,
다음날의 혈전(血戰)에서 죽게 될
산송장 냄새에 끌려,
전투일을 내다보고 군대가 야영하는
들판으로 날아올 때와 똑같이,
이 섬뜩한 형체[죽음]는 그렇게 멀리서
금방 제 사냥감을 알아보곤 냄새 맡더니,
어둑한 허공에다 대고 콧구멍을 크게 벌름거렸다. (제10권, 273-81행)

"as"나 "as when"에 뒤따라 나오는 빈사는 아마 밀턴의 독자들에게는 친숙한 것일, 따라서 "so"에 뒤따라 나오는 주사의 새 자료를 설명하거나 기술하는 데 이미 활용 가능한 자료를 언급한다. 때로 빈사만 확장되는 경우도 있다.

비교된 사물들이 여느 때보다 더 서로 유사성이 없는, 공들인 교묘한 은유나 직유는 기상(奇想, *conceit*)으로 불린다. 「삶이란 무엇인가?」는 그 교묘함으로 인해 기상으로 간주될 수 있다. 17세기 형이상학파 시인들의 작품은 거의 전적으로 유사성이 없는 사물들을 종종 억지로 연관시키는 방식인 형이상학파 기상(*metaphysical conceit*)에 의해 특징지어진다. 다음 구절은 유명한 사례로서, 여기에서 존 던(John Donne, 1572-1631)은 두 연인의 영혼을 제도사의 컴퍼스의 두 다리에 비유하고 있다.

> Our two souls therefore, which are one,
>   Though I must go, endure not yet
> A breach, but an expansion,
>   Like gold to airy thinness beat.

If they be two, they are two so
    As stiff twin compasses are two;
Thy soul, the fixed foot, makes no show
    To move, but doth, if th' other do.

And though it in the center sit,
    Yet when the other far doth roam,
It leans, and hearkens after it,
    And grows erect, as that comes home.

Such wilt thou be to me, who must,
    Like th' other foot, obliquely run;
Thy firmness makes my circle just,
    And makes me end where I begun. ("A Valediction: Forbidding Mourning," ll. 21-36)

하나인 우리의 두 영혼은, 따라서,
    비록 내가 가야 하지만,
단절이 아니라 확장을 겪소,
    공기처럼 얇게 두드려진 금마냥.

설령 우리의 영혼이 둘이라 하더라도, 그들은
    마치 컴퍼스의 뻣뻣한 두 다리가 그러하듯 둘인 것이오.
고정된 다리인 그대의 영혼은 움직일 기색이
    없지만, 다른 다리가 움직이면 함께 움직인다오.

그리고 비록 그것은 중심부에 자리하지만,
    다른 다리가 멀리서 헤맬 때면
몸을 기울여 다른 다리에 귀를 기울이고,

그 다리가 귀가하면 똑바로 서게 된다오.

그대도 그럴 것이오, 다른 다리처럼
　비스듬히 달려야 하는 내게는.
그대의 확고함이 내 원을 완벽하게 만들고,
　내가 시작한 곳에서 나를 끝나게 한다오. (「고별사─슬퍼함을 금하며」, 21-36행)

은유와 직유는 하나의 사슬로, 또는 하나가 다른 하나 속에 들어가는 비교들의 둥지 형태로 결합될 수도 있다. 아놀드(Arnold)의 「도버 해변」("Dover Beach")은 연계된 은유들과 직유들의 흥미로운 용례 몇 가지를 보여준다.

Dover Beach

The sea is calm to-night.
The tide is full, the moon lies fair
Upon the straits—on the French coast the light
Gleams and is gone; the cliffs of England stand,
Glimmering and vast, out in the tranquil bay.　　　5
Come to the window, sweet is the night air!
Only, from the long line of spray
Where the sea meets the moon-blanched land,
Listen! you hear the grating roar
Of pebbles which the waves draw back, and fling,　　10
At their return, up the high strand,
Begin, and cease, and then again begin,
With tremulous cadence slow, and bring

The eternal note of sadness in.

Sophocles long ago   15
Heard it on the Aegean, and it brought
Into his mind the turbid ebb and flow
Of human misery; we
Find also in the sound a thought,
Hearing it by this distant northern sea.   20

The Sea of Faith
Was once, too, at the full, and round earth's shore
Lay like the folds of a bright girdle furled.
But now I only hear
Its melancholy, long, withdrawing roar,   25
Retreating, to the breath
Of the night wind, down the vast edges drear
And naked shingles of the world.

Ah, love, let us be true
To one another! for the world, which seems   30
To lie before us like a land of dreams,
So various, so beautiful, so new,
Hath really neither joy, nor love, nor light,
Nor certitude, nor peace, nor help for pain;
And we are here as on a darkling plain   35
Swept with confused alarms of struggle and flight,
Where ignorant armies clash by night.

도버 해변

오늘 밤 바다가 잔잔하오.
만조(滿潮)이고, 달은 아름답게
해협에 누워 있소 — 프랑스쪽 해안에선 불빛이
희미하게 빛나다 사라지오. 영국쪽 절벽들은 저기
평온한 만에 어렴풋이 빛나며 거대하게 서 있소.   5
창가로 와요, 밤 공기가 향기롭소!
다만, 바다가 달빛으로 하얘진 육지와 만나는
긴 물보라 선으로부터 —
귀기울여 보오! — 파도가 끌어당겼다가,
돌아오면서 높다란 기슭으로 던져 올리는 자갈들의   10
귀에 거슬리는 고함소리들을 그대는 듣게 될 거요.
떨리는 느린 리듬으로
시작해서는 그치고, 그러다가 다시 시작하며
애조 띤 끝없는 가락을 데불고 오오.

소포클레스는 그 옛날   15
에게해에서 이 소리 듣고는, 마음속에
인간 불행의 혼탁한 썰물과 밀물을
떠올렸던 거라오. 우리도
이 머나먼 북쪽 바닷가에서 이 소리 들으며
한 가지 생각을 하게 되오.   20

신앙의 바다도
한때는 만조였었고, 지구의 해변 주위에
눈부신 거들의 주름마냥 접힌 채 놓여 있었다오.
하지만 이제 나는 들을 뿐이오

그 애수에 잠긴, 길고 긴 후퇴의 고함소리만을,　　　　　　　25
밤바람의 숨결에 맞춰
이 세계의 황량하고도 광대한 가장자리로,
다 노출된 자갈 해변으로 퇴각하는 소리를.

아, 사랑하는 이여, 우리
서로에게 진실합시다!　　　　　　　　　　　　　　　　　30
그처럼 다채롭고, 그처럼 아름답고, 그처럼 새롭게
꿈나라처럼 우리 앞에 펼쳐져 있는 듯한 세계가
사실은 아무런 기쁨도, 사랑도, 빛도,
확실함도, 평화도, 고통을 덜어주는 힘도 갖고 있지 못하니,
그리고 우리는 영문도 모르는 군대끼리 밤에 맞닥뜨려　　35
공격과 퇴각 경보 어지러운
어둑한 벌판에서 우왕좌왕하고 있는 것 같으니.

　　첫 13행에서는 효과적인 이미저리가 두드러지지만, 실제로는 은유적 함축이 전혀 없다. 제14행은 파도 소리와 인간 정서의 표현을 완곡하게 동일시하는 어구인 "애조 띤 끝없는 가락"에 관해 말한다. 다음 4행은 바다의 움직임과 인간의 고통의 조수(潮水)의 은유적 동일시를 소포클레스에게 명시적으로 귀속시킨다. 제21-22행은 다른 은유를 제시한다. 즉, 신앙은 밀물과 썰물이 있는 바다이다. 다음 행에서 하나의 직유가 이 신앙의 바다를 "접혀진 눈부신 거들의 주름"에 비유하는데, 그래서 이 직유의 주사가 그 자체로 하나의 은유이다. 제24-28행은 거들의 직유를 중단하고 이 세계의 자갈 해변으로 빠져나가는 바다로서의 신앙의 은유로 되돌아간다. 제30-34행은 부정적 직유로 간주될 수도 있는 것을 담고 있다. 즉, 화자는 이 세계가 겉으로 보이는 것 같은 꿈나라가 아니라고 말한다. 그 대신 그는 사람들

이 자신들의 적이나 목표를 알지도 못한 채 싸우고 있는 한밤중의 전쟁터로서의 세계라는 직유를 내놓는다.

(2) 환유와 제유

은유와 관련된 다른 두 가지 중요한 비유는 환유와 제유인데, 이들은 때로 무척 인상적이긴 하지만 은유나 직유보다는 훨씬 덜 빈번하게 나타난다. 환유(換喩, metonymy)는 한 물상을 재현하기 위해 그 물상의 한 속성이나 그 물상과 밀접하게 연관된 어떤 것을 사용하는 것이다. 제임즈 셜리(James Shirley, 1596-1666)의 다음 연은 이 비유를 예시한다.

> The glories of our blood and state
>   Are shadows, not substantial things;
> There is no armour against Fate;
>   Death lays his icy hand on kings;
>   Sceptre and crown
>   Must tumble down,
>   And in the dust be equal made
>   With the poor crooked scythe and spade.
> ("Dirge," ll. 1-8, from *The Contention of Ajax and Ulysses for the Armour of Achilles* (1659), Scene 3)

> 우리의 피와 위엄의 영광들은
>   실체가 아니라 그림자에 불과하다.
> 운명의 여신에 맞설 갑주(甲冑)는 없다.
>   사신(死神)이 왕들에게 얼음장같은 손을 갖다대면,
>   왕홀(王笏)과 왕관은
>   굴러 떨어져

보잘것없는 굽은 낫과 삽과
　　　흙 속에서 동등해질 수밖에. (「만가(輓歌)」, 1-8행, 『아킬레우스의 갑주를 차지하기 위한 아이아스
　　　　　　　　　　　　　　와 율리시즈(오딧세우스)의 논전(論戰)』(1659), 제3장)

여기에서 "왕홀과 왕관"은 지배자를, 반면에 "낫과 삽"은 평민을 표상한다. 이 표상들과 도구들의 선택은 이중의 효과를 낳는다. 첫째, 구체적인 명사(名辭, term)들은 우리가 그것들 대신 사용해 온 보다 일반적인 명사들보다 더 생생하다. 즉, 그것들은 보다 명료하게 실감된 이미지들을 낳는다. 둘째, 이 도구들을 대조시키는 것은 왕족과 평민간의 사회적 신분의 차이를 강조한다. 물상들은 한쪽에서는 실제적인 것들이고, 다른 쪽에서는 비록 실제적인 것은 아니지만 지위를 나타내는, 적절한 식별 표지들이다.

제유(提喩, synecdoche)는 환유와 거의 유사한 것이어서 환유에 관한 우리의 논평들이 여기에 그대로 적용된다. 셜리가 혈통이나 종족을 대표하기 위해 "피"를 사용할 때처럼, 제유는 어떤 것 자체를 그것의 중요한 부분으로 대체시킨다. 마찬가지로, "농장 일손들(farm hands)"이나 "시끄러운 입들(loud mouths)" 같은 어구들은 ("손"이나 "입"이 아닌) 사람 전체를 지칭하는 아주 올바른 표현들이지만, 화자는 주어진 맥락에서 그의 흥미를 끄는 부분들을 선택하는 것이다.

〈3〉 의인화

은유와 얼마간 유사한 또다른 비유는 의인화(擬人化, personification)이다. 여기에서 추상적 개념은 정상적으로는 형체가 없는 한 관념을 극적으로 효과적이게 만드는 방식으로 인간의 특질들을 부여받는다. 셜리의 "사신(死神)이 왕들에게 얼음장같은 손을 갖다대면"이라는 문장은 가장 흔한

의인화 중의 하나를 사용하지만 정확하고 적절한 이미저리로 이 문장이 진부해지는 것을 막아준다. 앞 행-"운명의 여신에 맞설 갑주는 없다"-에서의 의인화는 덜 분명하지만, 대문자[Fate]는 이 기교에 관심을 환기시킨다. 의인화는 앨리고리(*allegory*)의 핵심에 자리잡고 있는데, 우리는 다른 문맥에서 이 개념을 마주하게 될 것이다.

의인화는 시인이 의인화된 추상적 개념이나 부재하는 인물에게 말을 건네는 수사적 기교인 **돈호법**(頓呼法, *apostrophe*)에 종종 수반된다.

> Eternal Spirit of the chainless mind!
> Brightest in dungeons, Liberty! thou art,
> For there thy habitation is the heart — . . .
> (George Gordon, Lord Byron, "Sonnet on Chillon," ll. 1-3)

> 사슬에 묶일 수 없는 마음의 영원한 정신이여!
> 토굴 감옥에서도 가장 빛나는 그대, 자유여!
> 거기에선 그대의 거처가 다름 아닌 심장이기에— . . .
> (조지 고든, 바이런 경, 「시옹 성에 관한 소네트」, 1-2행)

> Milton! thou should'st be living at this hour:
> England hath need of thee: . . . (William Wordsworth, "London, 1802," ll. 1-2)

> 밀턴이여! 당신은 이 시각에 살아 있어야 합니다,
> 영국에는 당신이 필요하기 때문입니다. . . . (윌리엄 워즈워스, 「런던, 1802년」, 1-2행)

4 수사적 기교들

다음으로 우리는 비유나 이미지를 만드는 책략들이라기보다는 지적인 전략들인, 한 무리의 수사적 기교들(*rhetorical devices*)을 검토한다. 이 기교들은 태도들을 전달하고, 우리가 앞 절에서 다룬 비유들과 연관되지 않은 부류의 저변의 가정(假定)들을 때로 함축한다.

〈1〉 과장법과 줄여말하기

과장법(誇張法, *hyperbole*)은 고의적으로, 그리고 종종 터무니없게 과장하는 것이다. 그것은 어떤 사실이나 정서에 커다란 중요성을 부여하는 것 같은 방식으로 그 사실이나 정서를 확대시키기 위해 사용될 수 있다.

>   Hark, how my Celia, with the choice
>   Music of her hand and voice
>   Stills the loud wind; and makes the wild
>   Incensèd boar and panther mild;
>   Mark how these statues like men move,
>   Whilst men with wonder, statues prove!
>   This stiff rock bends to worship her,
>   That idol turns idolater. (Thomas Carew, "Celia Singing (1)," ll. 1-8)

>   들어보라, 어떻게 나의 실리아가
>   그녀의 손과 목소리의 정선된 음악으로
>   소란한 바람을 잠재우고,
>   성난 멧돼지와 표범을 온순하게 만드는지를!
>   보라, 어떻게 이 조상(彫像)들이 살아 있는 사람들처럼 움직이고,
>   살아 있는 사람들은 놀라 조상들이 되는지를!
>   이 딱딱한 돌덩이는 허리 굽혀 그녀를 숭배하고,
>   저 우상(偶像)은 그녀의 숭배자로 변하는구나. (토머스 케어리, 「노래하는 실리아 (1)」, 1-8행)

다른 용례에서 과장법은 아이러닉한 것으로서, 다뤄진 소재의 의의를 수축시키는 최종적 효과를 낳을 수도 있다.

> Then flashed the living lightening from her eyes,
> And screams of horror rend the affrighted skies.
> Not louder shrieks to pitying heaven are cast,
> When husbands, or when lapdogs breathe their last; . . .
> (Alexander Pope, *The Rape of the Lock*, Canto 3, ll. 155-58)

> 그 순간 그녀의 눈에서 강력한 번갯불이 번쩍이고,
> 공포의 비명이 겁에 질린 하늘을 찢네.
> 이보다 더 날카로운 비명이 애처러워하는 하늘을 향한 적 없네,
> 남편이나 애완용 강아지가 숨을 거둘 때에도. . . .
> (앨릭잰더 포우프, 『머리타래의 겁탈』, 제3곡, 155-58행)

남편과 애완용 강아지의 병치는 이 구절 전체에 희극적 어조를 부여하고, 우리가 "강력한 번갯불"을 매우 진지하게 받아들여서는 안된다는 점을 명백히 한다.

반대되는 기교는 줄여말하기(축서법(縮敍法), *understatement*)로 알려져 있다. 이 경우 표현 수단이 그 임무에 부적합하다는 것을 함축함으로써 논의된 소재를 십중팔구 확대시키는 효과를 얻게 된다.

> We know, too, they are very fond of war,
>   A pleasure, like all pleasures, rather dear; . . .
> (Byron, *Don Juan*, Canto 2, Stanza 156)

> 우리들 역시 그들이 전쟁을 무척 좋아한다는 것을 안다,

> 모든 쾌락들과 마찬가지로 그런 대로 소중한 쾌락을. . . .
>
> (바이런, 『돈 주안』, 제2곡, 156연)

전쟁을 "그런 대로 소중한"이라고 말하는 것은 줄여말하기이고, 그것을 하나의 쾌락—분명히 아닌데—이라고 부르는 것은 아이러니이다. 두 기교들이 동시에 나타나는 것에서 암시되듯이, 줄여말하기는 대체로 아이러닉하다.

아주 일반적으로 아이러니(*irony*)는 정당한 기대와 현실간의 괴리에서 생겨나는 특질이다. 그래서 만일 우리가 모종의 성공을 기대할 권리가 있다고 느끼는데 그 성공이 왜곡된 적절한 방식으로 거부될 때, 우리는 그 상황에 대해 아이러닉하다고 말할 수 있다. 그러한 아이러니는 한 문학 작품에서 묘사될 수 있지만, 문학은 언어적 아이러니(*verbal irony*)를 활용함으로써 아이러닉한 관점을 보여줄 수도 있다. 이 수사적 기교는 표면상 단순한 어떤 것을 의미하는 것처럼 보이지만 상황을 잘 아는 인물—화자나 청자, 또는 어쩌면 그 둘 다—에게는 약간 또는 전혀 다른 취지를 지니는 언어의 용례이다. 셸리(Percy Bysshe Shelley, 1792-1822)의 「오지만디아스」("Ozymandias")는 두 종류의 아이러니를 모두 예시하고 있다. 야심만만한 "왕중왕"의 자만심과 "황량하고 평평한 사막" 가운데의 "황폐해진 그 거대한 잔해"간의 대조는 상황의 아이러니(*irony of circumstance*)의 한 사례이다. 기념비의 대좌(臺座)에 새겨진 비문은 언어적 아이러니를 예시한다. "내 업적을 보라, 너희 강대한 자들아, 그리고 절망하라!"는 오지만디아스에게 "내 업적에 필적하는 일의 불가능함에서 비롯된 절망"을 의미했지만, 인간의 모든 허영심이 맞게 되는 슬픈 종말을 보는 독자에게는 그 메시지는 "시간의 파괴력에 도전하는 일의 불가능함에서 비롯된 절망"을 의미한다.

아이러닉한 줄여말하기로 귀착되는 또다른 기교는 앤티클라이맥스(의도적 점강법(漸降法), anticlimax)이다. 보통 한 발언의 가장 중요하거나 클라이맥스적 요소는 한 문장, 한 연, 한 편의 시의 끝에 온다. 한 중요한 항목 다음에 사소한 항목이 나올 때, 우리는 지적·정서적 수축을 경험한다. 만일 그러한 앤티클라이맥스가 의도적이고 통제된 것이라면, 희극적이거나 풍자적인 효과를 낳는다. 포우프는 그의 모의(模擬) 서사시(mock epic)인 『머리타래의 겁탈』(The Rape of the Lock)에서 이 기교를 멋지게 사용한다.

> Or stain her honor or her new brocade, . . . (Canto 2, l. 107)
>
> 아니면 그 아가씨의 정절이나 새 비단 드레스가 더럽혀지게 될 지, . . .
> (제2곡, 107행)

얼룩(stain)의 은유적으로 이중적인 의미를 이용하여 포우프는 마치 정절을 잃는 것과 드레스를 더럽히는 것이 똑같이 중요한 것처럼 그 둘을 연계시킨다. 정절을 잃는 것과 드레스를 더럽히는 것이 똑같이 중요하지 않다는 걸 알기 때문에 우리는 침해의 정도를 구별하지 못하는 한 사회의 도덕적 천박성을 인식하게 된다.

어떤 것을 그 상반물을 부정함으로써 진술하는 것은 곡언법(曲言法, litotes)으로 불린다. 그것은 대체로 줄여말하기의 효과를 갖는다. E. A. 로빈슨(Edwin Arlington Robinson, 1869-1935)의 「어떻게 애넌데일이 죽었는가」("How Annandale Went Out")에서 서술자는 자신의 죽어 가는 친구를 바라보는 것이 그가 지금까지 목격한 가장 섬뜩한 일들 중의 하나였다고 말하기 위해 "그런데 그 광경은 제가 다른 곳에서 보아온/ 한 두 광경처럼 그리 보기 좋은 것은 아니었습니다(And the sight was not so fair/ As one or two that I have seen elsewhere)"(4-5행)라고 말한다.1)

〈2〉 다의성

많은 기교들은 다의성(多義性, *ambiguity*), 즉 우리가 보통 이중적 의미라고 부르는 바를 수반한다. 과학적 산문에서 다의성은 결점으로 간주되지만, 문학에서 다의성은 유머를 낳거나, 의미를 풍요롭게 하거나, 삶의 복잡성에 대한 작가의 인식을 반영한다. 「어떻게 애넌데일이 죽었는가」에서 서술자는 "이제 제가 처해 있던 상황을 여러분이 직접 상상해 보십시오, 현장 상황을요―(Now view yourself as I was, on the spot―)"(12행)라고 말한다. "on the spot"이라는 어구로 그는 자신이 현장에 있었음을 의미하지만, 또한 그 어구의 속어적 의미―그가 결정을 내리지 않을 수 없었다는―도 함축한다. 이 어구의 다의성은 그의 직업적 규범의 요구들과 그의 인간적 공감에의 호소간의 대립을 반영한다. 말장난(*pun*)은 희극적 효과를 위한 친숙한 부류의 다의성, 즉 가능한 한 가지 의미 이상을 지닌 단어들을 사용하는 것이다. 말장난은 음의 막연한 유사성을 이용하는 것에서부터, 다양한 상황에서 동일한 것으로 보이는 단어의 뚜렷하게 별개인 의미들을 갖고 장난치는 것을 거쳐, 우리가 "expatiate"나 "stain"에서 발견했던 것 같은 어원적이고 은유적인 관계들을 사용하는 것에 이르기까지 많은 종류가 있다. 벤 존슨(Ben Jonson, 1572-1637)은 「나의 친애하는 작가 윌리엄 셰익스피어 씨와 그가 우리에게 남겨준 바를 기리며」("To the Memory of My Beloved, The Author, Mr. William Shakespeare, and What He Hath Left Us")에서 그의 제재의 이름을 갖고 말장난한다.

---

1) [역주] 제4장, '■ 서사' 부분을 참조할 것.

>. . . his well-turnèd and true-filèd lines,
> In each of which he seems to *shake a lance*,[2)]
>   As brandished at the eyes of ignorance. (ll. 68-70)

>. . . 매끈하게 깎이고 바르게 줄질 된 행들 . . . ,
> 그 행 하나 하나에서 그는 창을 휘두르는 것처럼 보인다,
>   마치 무지(無知)의 눈에 칼을 휘두르듯이. (68-70행)

("brand"는 칼이며, "to brandish"는 칼처럼 휘두르는 것임을 기억하라.) 셰익스피어(William Shakespeare, 1564-1616)는 그의 「소네트 143」("Sonnet CXLIII")의 제13행에서 자신의 이름을 갖고 말장난한다(그런데 이것은 서사시적 직유의 형식을 취한다).

*CXLIII

> Lo! as a careful housewife runs to catch
> One of her feathered creatures broke away,
> Sets down her babe and makes all swift dispatch
> In pursuit of the thing she would have stay,
> Whilst her neglected child holds her in chase,   5
> Cries to catch her whose busy care is bent
> To follow that which flies before her face,
> Not prizing her poor infant's discontent;
> So runn'st thou after that which flies from thee,
> Whilst I, thy babe, chase thee afar behind;   10
> But if thou catch thy hope, turn back to me,

---

2) [역주] *shake a lance*는 Shake-speare에 대한 말장난.

And play the mother's part, kiss me, be kind:
So will I pray that thou mayst have thy *Will*,3)
If thou turn back, and my loud crying still.

143

보라! 조심스런 주부가 우리에서 달아난
제 가금(家禽) 한 마리를 잡으려고 뛰어가면서
아기를 내려놓고는 붙잡았으면 하는
그것을 좇아 아주 날래게 내달리니,
그 사이 버려진 아이는 그녀 뒤를 따라가며   5
그녀를 붙잡으려 소리쳐 부르지만, 부산하기만한 그녀의 마음은
온통 바로 코앞에서 달아나는 것에 쏠려 있을 뿐
불쌍한 아이의 불만은 아랑곳하지 않는 것과 똑같이,
그대는 그대로부터 도망치는 것을 좇아 달리고
그대의 아기인 나는 한참 뒤에서 그대를 좇아 달린다.   10
하지만 만일 그대가 바라던 바를 붙잡으면, 내게 다시 돌아와
엄마 노릇을 해주고 키스해 주고 다정하게 대해 주오.
　　　그럴 경우 나는 그대가 바라는 바를 얻게 되기를 기도하겠소,
　　　그대가 다시 돌아와 내 요란한 울음을 잠재워주기만 한다면.

이 사례들은 무척 재미있기만 할 뿐이지만, 말장난은 한 편의 시의 착상에 이바지하기도 한다. 르네상스기의 한 시편의 현대판인, 불황기에 씌어진 한 시편에서 데이 루이스(C. Day Lewis, 1904-1972)는 "tire"라는 단어의 두 가지 의미(어원적으로나 은유적으로 관련되지 않은)를 갖고 말장난한

---

3) [역주] 셰익스피어 자신의 이름인 'Will'('William'의 애칭)이면서 동시에 '바람,' '욕망,' '욕정'을 뜻하는 말장난.

다. 이 단어의 한 가지 고어적 의미는 "attire," 즉 "옷입히다(clothe)"이다. (「삶이란 무엇인가?」에서의 "tiring-houses(분장실)"를 상기해 보라.)

>. . . not silken dress
>But toil shall *tire* thy loveliness. ("Two Songs" (1935), ll. 27-28)

>. . . 비단 드레스가 아니라
>노고가 당신의 사랑스러움을 옷입혀줄[지치게 할] 것이오.
>(「노래 두 편」(1935), 27-28행)

이 사례에서 말장난은 이 시의 씁쓸한 희극에 이바지한다. 다음 사례에서 말장난은 은유의 일부이고, 그 단어의 두 가지 의미는 유형의 물상들로부터 무형의 정신적 상태로의, 의미의 은유적 전이에 의해 애초에 생겨난 것이다. 조지 허버트(George Herbert, 1593-1633)의 「창문」("The Windows")은 하느님의 성전의 창문으로서의 인간을 그리고 있다.

>Lord, how can man preach thy eternal word?
>He is a brittle, *crazy* glass, . . . (ll. 1-2)

>주님, 어찌 인간이 당신의 영원한 말씀을 설교할 수 있겠습니까?
>인간은 깨지기 쉬운, 잔금이 나 있는 유리입니다, . . . (1-2행)

유리에 적용될 경우, "crazy"(현대적 형태는 "crazed")는 그물망 같은 잔금들로 덮여 있음을 뜻한다. 그 은유 내에서 이 단어는 유리와 인간 둘 다에 적용된다. 인간에게 적용될 경우, 그것은 제정신이 아닌 상태 또는 신성한 지혜에 있어서는 적어도 결함이 있는 상태를 뜻한다. 동일한 말장난이

"cracked"4)라는 속어에도 나타난다. 이 사례들 각각에서 핵심 단어에 대한 우리의 이해에 있어서의 변화는 문장 전체의 의미를 변화시킨다.

역설(逆說, paradox)은 일상적인 경험과는 상충되거나 외견상 자기 모순적이지만 보통은 감춰진 진리를 드러내는 진술이다.

> Stone walls do not a prison make,
> Nor iron bars a cage; . . . (Richard Lovelace, "To Althea, from Prison," ll. 25-26)

> 돌담이 감옥을 만드는 것도,
> 쇠막대가 새장을 만드는 것도 아니라오. . . .
> (리처드 러블레이스, 「앨시어에게, 감옥에서」, 25-26행)

대개는 표현되지 않은 어떤 상태가 역설을 설명해 준다. 이 인용문에서 독자는, 비록 자신이 그 점을 명확하게 표명하지는 못한다 하더라도, 육신은 갇혀 있어도 정신은 자유롭다는 것을 이해한다. 특별한 부류의 역설이 모순어법(矛盾語法, oxymoron)인데, 이것은 대체로 한 사건에 대한 복합적인 태도들을 반영하기 위해 단 하나의 표현 속에 상반된 용어들을 연관시키는 것이다. 그래서 셰익스피어의 "이별은 그처럼 달콤한 슬픔(Parting is such sweet sorrow)"(Romeo and Juliet, 2.2.184)이라는 표현은 "달콤한 슬픔"이라는 어구에서 줄리엣(Juliet)의 복합적인 느낌들을 전달한다.

⟨3⟩ 생략법

생략법(ellipsis)은 문법적 완전성을 위해서는 필수적이지만 독자의 상상력이 쉽게 제공해 줄 수 있는 단어들을 생략하는 것이다. 시에서 생략법은

---

4) [역주] cracked: (1) 깨진, 금이 간, (2) 상궤를 벗어난, 미친.

장황한 구문들을 피함으로써 간결성을 얻는 한 수단이다. 앞에서 인용된 『인간론』의 한 구절에는 "아찔한 고산(高地)들(giddy heights)"이라는 어구가 들어 있었다. 산꼭대기 자체는 현기증으로 고생하지는 않지만 인간들에게 현기증을 느끼게 만든다. 그렇지만 다른 경우라면 어색한 표현법이 되었을 것을 포우프가 속기(速記)로 쓴 어구에서는 어떤 혼란도 생겨나지 않는다. 생략법은 또 한 물상의 특징들을 다른 물상에게 전이시키는 경향이 있어서 은유의 특질들 중 일부를 갖게 될 수도 있다. 이미저리의 사례로 제시된 「성 아그네스 축일 전야」의 한 연을 읽으면서 우리는 "어슴푸레한 성인상들(twilight saints)"이라는 어구를 별 생각 없이 지나쳤을 수 있다. 이 연의 맥락에서 성인들이 착색 유리창에 그려져 있고 또 성당의 내부가 새어 들어온 빛 속에서 흐릿하기 때문에 "어슴푸레한" 성인들이라는 점은 분명하다. 그렇지만 이 어구는 또 왕비들과 왕들의 살해로 인해 성스러운 것들이 그늘져 있다는 점을 암시할 수도 있는 것이다.

제3장

시의 형식

　문학을 비문학적 저술과 구별시켜 주는 특질들 중의 하나는 형식과 관념의 밀접한 관계―실제로는, 실질적 융합―이다. 우리는 때로 한 작품의 의미를 형식에서 떼어낼 수 있는 척하지만, 이 책략은 작품 전체를 파악하기 위한 예비 단계라는 것, 그리고 추출된 '의미'―이 용어로 우리는 아마 산문 패러프레이즈(paraphrase)를 지칭할 것이다―는 총체적인 문학 작품보다 훨씬 못하다는 것을 기억하는 게 좋다. 극과 소설은 둘 다 의미 있는 **형식**(*significant form*)을 갖고 있는데, 왜냐하면 사건들의 배열, 산문 스타일 (그것의 어법, 비유들, 리듬들), 그리고 세부들의 선별은 모두 그 작품의 의미의 일부이기 때문이다. 그러나 시에서 형식과 내용의 합일은 무척 본질적인 것이어서 한 주제의 추출이, 다른 장르의 경우에도 만족스럽지 못한 것이긴 하지만, 한 편의 성공적인 시에서는 거의 불가능하다. 한 편의 시는 문장들로 엮어 짜인 바구니로 운반되는 한 관념이 아니다. 그것은 하나의 유기체로서, 그 실체는 그것이 지닌 형체와 분리되어 존재하지 않는다.

1 음가

시 형식의 가장 두드러진 요소들 중의 하나는 그것의 음가(音價)들이다. 이 요소들 중에서 어느 것도 시에 필수적인 것은 아니지만, 각 요소는 여기에서 다뤄질 만큼 충분히 자주 사용되고 있다.

⟨1⟩ 압운

운문의 행들은 그 마지막 단어들의 끝에 동일한 음이 나올 때 압운(押韻)한다(rhyme) — 또는 압운을 밟는다(have rhyme)거나 압운 형식(rhyme scheme)을 갖는다 — 고 일컬어진다. 한 단어의 "끝"이라는 말로 우리가 여기에서 뜻하는 바는 강세 있는 마지막 음절의 모음과 그 뒤에 나오는 음들이다.

> Come with bows bent and with emptying of quivers,
>   Maiden most perfect, lady of light,
> With a noise of winds and many rivers,
>   With a clamor of waters, and with might;
> Bind on thy sandals, O thou most fleet,
> Over the splendour and speed of thy feet;
> For the faint east quickens, the wan west shivers,
>   Round the feet of the day and the feet of the night.
> (Algernon Charles Swinburne, "When the Hounds of Spring" (Chorus), *Atalanta in Calydon*, ll. 9-16)

> 활시위를 다 당기고 화살통은 비운 채로 오라,
>   더없이 완벽한 처녀여, 빛의 숙녀여,
> 바람 소리, 많은 강물 소리 내며,
>   요란한 물소리 내며, 힘차게.

샌들을 잡아매라, 오 날래기 그지없는 그대여,
그대의 눈부시게 빛나는 빠른 발에.
희미한 동녘이 생기를 띠고, 창백한 서녘이 떨고 있으니,
낮의 발과 밤의 발 주위에서.

(앨저논 찰즈 스윈번, 「봄의 사냥개들이」(코러스), 『칼리돈의 아탈란테』, 9-16행)

여기에서 "quivers" – "rivers" – "shivers," "light" – "might" – "night," "fleet" – "feet"는 압운하는 그룹이다. 이 그룹들 각각에서는 발음뿐만 아니라 철자도 일치한다. 그렇지만 압운은 음의 문제이기 때문에, 다양한 철자들이 동일한 음을 표상하는 한 철자의 차이는 중요하지 않다.

There be none of Beauty's daughters
　With a magic like thee;
And like music on the waters
　Is thy sweet voice to me:
. 　. 　. 　. 　. 　.
With a full but soft emotion,
Like the swell of Summer's ocean.

(George Gordon, Lord Byron, "Stanzas for Music," ll. 1-4, 15-16)

미의 여신의 딸들 중에
　그대 같은 매력을 지닌 이는 없으리라.
내겐 물 위에 감도는 음악과 같다
　그대의 감미로운 목소리는.
. 　. 　. 　. 　. 　.
여름 바다의 넘실거리는 파도처럼
충만하면서도 부드러운 정감으로.

(조지 고든, 바이런 경, 「음악에 부치는 시」, 1-4, 15-16행)

압운을 사용함으로써 많은 효과들을 낼 수 있다. 그 효과들 중 하나는 단순하게는 우리가 유사한 음들의 울림에서 경험하는 쾌감이다. 더욱이 한 편의 시에서 일찍 확립된 압운 패턴은 새로운 세트의 연속적인 각 압운어가 나타날 때 기대를 불러일으키고, 그래서 그 쌍의 두 번째 압운어에 이르게 되면 그 기대는 충족된다. 일종의 심미적 즐거움은 패턴에 대한 기대를 만족시키는 데에서 생겨나는 것이다.

지금까지 우리는 압운의 통상적인 - 정상적인 것으로 간주될 수 있는 - 여건을 기술해 왔다. 그렇지만 수많은 흥미로운 변종들이 있다. 강세 있는 모음이 행의 마지막 음절에 들어 있을 때 - 이번에도 이것이 상례이다 - 압운은 **남성적인**(*masculine*) 것이라고 한다. 그 효과는 다른 상황에서보다 더 강력한 것으로, 즉 발언이 더 적극적인 것으로 여겨진다. 하나 또는 두 개의 강세 없는 음절이 압운어들 속에서 강세 있는 음절들을 뒤따를 때, 그 압운은 **여성적**(*feminine*)이다. 이 경우 행들의 움직임은 남성운에 의한 확고한 종결이 없어서 우아하고 지속적이다. 가장 빈번히 나타나는 여성운, 즉 두 음절로 된 여성운은 **이중운**(二重韻, *double rhyme*)으로 불린다. **삼중운**(三重韻, *triple rhyme*)은 여성운의 변종으로서 강세 없는 두 개의 음절이 강세 있는 음절을 뒤따르고 세 음절 모두 인근 시행에서 유사한 배열을 보이며 압운하는 것이다. 대체로 삼중운은 유머러스한 운문에 사용된다. 우리는 시인이 재간, 즉 종종 경박하거나 풍자적인 태도에 이바지하는 재간을 과시하는 것을 보며 기쁨을 느낀다. 만일 3음절어의 도전이 외견상 압운어를 만들기 위해 두 세 개 단어들을 짜맞춤으로써만 대처될 수 있다거나 압운 협정이 한 어구의 발음이나 강세를 뒤틂으로써만 이행될 수 있다면, 그 효과는 특히 우스꽝스럽다. 바이런(George Gordon, Lord Byron, 1788-1824)의 『돈 주안』 (*Don Juan*)의 다음 연은 제1 · 3 · 5행에서 남성운을, 제2 · 4 · 6행에서 이

중 여성운을, 제7・8행에서 삼중 여성운을 보여준다.

> 'Tis pity learnèd virgins ever wed
>   With persons of no sort of education,
> Or gentlemen, who, though well-born and bred,
>   Grow tired of scientific conversation:
> I don't choose to say much upon this head,
>   I'm a plain man, and in a single station,
> But—Oh! ye lords of ladies intellectual,
> Inform us truly, have they not hen-peck'd you all? (Canto I, Stanza 22)

> 유식한 처녀들이 언제나 교육받지 못한 이들,
>   또는 가문도 좋고 교육도 잘 받았지만
> 학술적 담화에 싫증 난 신사들과
>   결혼한다는 건 애석한 일이다.
> 이런 문제에 대해 여러 얘기 하지는 않겠다.
>   난 평범한 사람, 게다가 독신 남자이니까.
> 하지만—오! 지적인 숙녀들의 남편들이여,
> 사실대로 알려주시오, 그녀들이 여러분들을 공처가로 만들지는 않았소?
> (제1곡, 22연)

압운의 한 특별한 변종은 **불완전운**(*inexact rhyme*) 또는 **경사운**(傾斜韻, *slant rhyme*)이다. 여기에서 압운어들의 음은 동일하지 않고 유사할 뿐이고, 이런 저런 경우에 더 유사하거나 덜 유사할 수도 있다. 이를테면, 한 시편에서 에밀리 디킨슨(Emily Dickinson, 1830-1886)은 "pain"—"tune," "know"—"do," "obey"—"bee," "come"—"fame" 등으로 경사운을 만들고 있다. 불완전운은 유사한 음들의 규칙적인 빈발에 의해 만들어진, 전반적으로 암시된 패턴을 유지하지만, 이것을 고집하지는 않는다. 이 패턴은 그 자체에 관심을 환기시키지 않으면서 중뿔나지 않게 작용한다. 경사운은 무척 짧은 행들을 연계시키는 데 특히 유용한데, 왜냐하면 그것은 정확하고 예측 가능한 압운어가 너무 빨리 나타날 때 생기는 딸랑거리는 효과를 만들어내지 않으면서 그 행들을 함께 묶어주기 때문이다. 더욱이 불완전운은 음악에서의 약간의 불협화음의 효과를 어느 정도 낳는다. 이 압운은 감미로움, 자신감, 또는 기쁨의 기분보다는 오히려 신랄함, 불확실성, 또는 우울함의 기분을 뒷받침한다. 에밀리 디킨슨은 자유롭게 경사운을 사용했고, 20세기 시인들은 이것이 특정한 현대적 태도들에 적합하다고 생각해 왔다.

우리는 대체로 운문 행들의 끝에서 압운을 발견할 것으로 기대한다. 이 관례적인 용례는 각운(脚韻, *end rhyme*)으로 불린다. 몇몇 시인들은 마지막 단어와 압운을 맞추기 위해 한 단어를 시행 내에(대개는 중간에 또는 중간 근처에) 배치함으로써 언어적 멜로디를 풍요롭게 만든다. 그러한 중간운(中間韻, *internal rhyme*)은 압운의 결속 효과를 높여준다. 만일 해당 시의 대부분의 행들이 이 특질을 갖지 않을 경우, 그것은 특정한 행들을 특히 강조하기도 한다.

> The fair breeze *blew*, the white foam *flew*,
> The furrow followed free;
> We were the *first* that ever *burst*
> Into that silent sea.
>
> Down dropt the breeze, the sails dropt down,
> 'Twas sad as sad could be;
> And we did speak only to break

The silence of the sea! ("The Rime of the Ancient Mariner," ll. 103-10)

순풍이 불고, 흰 거품은 날리고,
뱃자국이 순풍을 받으며 따라왔소.
우리는 그 고요한 바다로 돌입한
최초의 선원들이었소.

미풍은 잦아들고, 돛들은 쳐지고,
더할 나위 없이 슬픈 분위기였소.
우리 말소리만이
바다의 적막을 깨뜨릴 뿐이었소! (「노수부의 노래」, 103-10행)

첫 번째 연에서 제1·3행은 정확한 중간운을 담고 있다 — "blew" — "flew," "first" — "burst." 두 번째 연에서 독자는 제1행의 마지막 단어가 "breeze"와 압운할 것으로 기대하지만 실망하게 된다. 제3행에서 "speak" — "break"는 압운(이 별종은 때로 시각운(視覺韻, *eye rhyme*)으로 불린다)하는 것처럼 보이지만, 그것 또한 실망스럽다. 압운에 대한 이러한 조작들은 해당 연들의 제재와 관련되어 있음을 주목하라.

이 지점에서 우리는 압운 형식(*rhyme schemes*)을 표시하는 데 있어서의 통상적인 관례가 압운하는 첫 행, 그리고 그것과 압운하는 각 후속 행을 소문자 *a*로 명명하는 것임을 주목해야 한다. 다르게 압운하는 다음 행은 *b*로 표시되는데, 그것과 압운하는 모든 후속 행들 또한 마찬가지이다. 이 체계는 무한정으로 확장될 수 있지만, *g* 이후의 글자들이 필요한 경우는 거의 없다. 압운하는 짝들이 없는 모든 시행들은 *x*로 표시된다.

〈2〉 두운과 모음운

압운과 밀접하게 관련된 음성 효과는 두운(頭韻, *alliteration*), 즉 여러 단어들의 첫머리에서의 한 음의 반복 또는 그 단어들 내에서의 자음의 반복이다.

조금 전에 인용한 「노수부의 노래」의 연들 중 첫 번째 연에서 *f*, *b*, *w*, *s*를 수반한 여러 개의 두운 연쇄가 서로 얽혀 있음을 주목하라.

>   The *f*air *b*reeze *b*lew, the *w*hite *f*oam *f*lew,
>   The *f*urrow *f*ollowed *f*ree;
>   *W*e *w*ere the *f*irst that ever *b*urst
>   Into that *s*ilent *s*ea.

두운의 이같은 대량 사용은 중간운의 사용과 합치되어 이 행들에 커다란 강렬성을 부여한다. 두 번째 연에서 *d*와 *s*의 두운 연쇄들은 그 행들이 정서적으로 느슨해지는 것과 어울려져 강렬성이 다소 떨어진다. 더욱이 "*s*ad," "*s*ilence," "*s*ea"에서처럼 동일한 음으로 시작되는 단어들간에도 하나의 관계가 주장될 수 있다. 이와 비슷하게 A. E. 하우스먼(Housman, 1859-1936)은 두운을 사용하여 맥주(*b*eer)와 시인(*b*ard)을 연계시키고, 그럼으로써 시인의 중요성을 깎아내린다.

>   Oh many a peer of England brews
>   Livelier liquor than the Muse,
>   And *m*alt does more than *M*ilton can
>   To justify God's ways to man. ("Terence, This Is Stupid Stuff," ll. 19-22)

>   오, 영국의 많은 귀족들은

시신(詩神)보다 더 활기찬 술을 빚고,
몰트가 밀턴보다 더
하느님의 길의 정당함을 인간에게 보여주지. (「테런스, 이건 시시한 거야」, 19-22행)

마지막으로, 어떤 정서들은 적절한 자음들의 반복에 의해 반향될 수도 있다.

>
> Like *to* the *Pon*ti*c s*ea,
> Whose icy curren*t* and compulsive course
> Ne'er feel*s re*tiring e*bb, but keep*s *d*ue on
> *T*o the *Pr*opon*t*ic and the Helle*sp*on*t:*
> Even *s*o my *bl*oo*d*y though*t*s, with violen*t p*ace,
> Shall ne'er loo*k back*, ne'er e*bb t*o hum*b*le love,
> *T*ill that a *c*apa*b*le and wi*d*e revenge
> Swallow them *up.* (Shakespeare, *Othello*, 3.3.450-57)

폰틱 해[흑해]의
얼음 같이 차가운 조류가 도도한 흐름으로
결코 뒤로 물러서는 법 없이 내내
프로폰틱 해[마모라 해]와 헬레스폰토스[다르다넬스 해협]까지 곧장 흘러가듯이,
피에 굶주린 내 복수심도 맹렬한 속도로 치고 나가
마음껏 속시원하게 복수해서 더 이상 복수심이 남아 있지 않을 때까지는
결코 뒤돌아보지도 않고 비굴한 사랑으로
뒷걸음질치지도 않으리라. (셰익스피어, 『오셀로』, 제3막, 3장, 450-57행)

이것은 이아고의 간교한 사주로 광분한 오셀로가 자기 아내를 유혹했다고 추정되는 자에 대한 복수를 맹세하는 장면이다. 그의 격정은 침을 튀기면

서 쏟아내는 자음 파열음(破裂音)들(*b, d, k, p, t*)에서 뚜렷하게 나타나는데, 이 파열음들은 치찰음(齒擦音)인 *s*음들과 뒤섞여 있다.

우리는 대체로 두운을 동일한 음들의 반복을 수반하는 것으로 생각하지만, 동일하다기보다는 그저 유사할 뿐인 자음들도 두운을 이룰 수 있다. 그래서 *n*과 *m*음은 두운 효과를 강화시키기 위해 상호 연계될 수 있다.

> The *n*ight shakes the*m* rou*n*d *m*e i*n* legio*n*s.
> (Swinburne, "Dedication" (1865), l. 9, *Poems and Ballads*)

> 밤은 무수히 내 주위에서 그들을 흔들어댄다.
> (스윈번, 「헌사」(1865), 9행, 『시편들과 밸러드들』)

작가가 주변의 자음들을 변화시키면서도 모음들을 반복할 때, 이 기교를 모음운(母音韻, *assonance*)이라고 한다. 비록 모음운이 두운만큼이나 빈번히 사용되긴 하지만, 그 효과는 보다 미묘하다. 그래서 독자가 역점을 분배하거나 정서적 어조를 부여하는 이 추가적 수단을 즉각 알아차릴 가능성은 한층 더 적다.

> Cold *eye*lids that h*i*de l*i*ke a jewel
> Hard *eyes* that grow soft for an hour; . . .
> (Swinburne, "Dolores (Notre-Dame des Sept Douleurs)," ll. 1-2)

> 보석처럼 숨어 있는 차가운 눈꺼풀들
> 한 시간 동안 부드러워지는 냉정한 눈들. . . . (스윈번, 「덜로리스」, 1-2행)

두운과 모음운의 패턴을 확인함에 있어서, 우리는 다른 음들을 낳는 동일한 철자들(hot, loft)이 아니라 철자는 다르더라도 유사한 음들(eye, hide)에 관심을 갖는다.

⟨3⟩ 의성어

의성어(擬聲語, *onomatopoeia*)는 단어의 음으로 자연음을 모방하는 것이다. "hum[윙윙, 와글와글, 흐음]", "clatter[덜걱덜걱, 덜커덕덜커덕]", "moo[음매]" 등의 많은 흔한 단어들은 그들이 명명하는 음들과 어느 정도 유사한 소리를 낸다. 시에서 그런 단어들은 자연음을 암시하기 위한 한 수단일 뿐이다. 리듬(이를테면 발굽 소리를 재현하기 위한 "Half a league, half a league, half a league onward"), 단어들의 음(비록 자연음을 지칭하지 않는다 하더라도), 그리고 두운뿐만 아니라 모음운도 의성적 효과에 이바지할 수 있다. 테니슨(Alfred, Lord Tennyson, 1809-1892)의 「아서 왕의 죽음」("Morte d'Arthur")에서 따온 다음 구절에서 이 모든 요소들이 결합되어 한 기사가 갑옷을 입고 바위투성이 길을 성큼성큼 걸으면서 내는 소리를 모방하고 있다.

> Dry *clash'd* his harness in the icy caves
> And barren chasms, and all to left and right
> The bare black cliff *clang'd* round him, as he based
> His feet on juts of slippery crag that *rang*
> Sharp-smitten with the dint of armèd heels — (ll. 186-90)

> 얼음 동굴들과 불모의 협곡들에서 그의 마구(馬具)는
> 귀에 거슬리게 쟁강거렸고, 좌우에서 온통
> 시커먼 맨절벽이 그를 에워싸고 쨍그랑거렸다

> 무장한 발에 강타당해 울리는
> 미끄러운 바위의 돌출부에 그가 발을 내딛을 때면— **(186-90행)**

물론 우리가 유의해야 할 것은, 이 효과가 우리가 논의해 온 다른 효과들과 마찬가지로 이 구절의 의미가 음향 기교들을 강화시키고 또 음향 기교들에 의해 강화될 때만 작용한다는 점이다.

2 운율법

이 모든 "음향 효과"들은 리듬, 율격(律格), 그리고 연 형식을 포함하는, 운율법(韻律法, *versification*)으로 통칭되는 구조적 관례들과 관련되어 있다.

〈1〉 리듬과 율격

모든 언어에 있어서 중요한 한 가지 요소는 리듬(*rhythm*)이다. 우리는 리듬을 강세(*accent* 또는 *stress*)의 규칙적인 빈발로 정의할 수 있다.

영어의 어떤 다음절어에서건 음절들 중의 하나는 다른 음절들보다 더 큰 강세를 받는다. 다음 단어들을 연속해서 발음해 보라—"photograph," "photographer," "photographic." 각 단어에서 어떤 음절이 가장 강한 강세를 받는가? 특정한 음절에 강세를 부여하기 위해 여러분이 한 일이 정확하게 어떤 것인가? 강세는 정상보다 더 큰 음량(音量), 모음의 음높이를 높이는 것, 그리고 강세 있는 음절의 모음에 억양을 붙여 말하는 시간이 약간 늘어나는 것으로 이루어진다는 점에 유의하라. 다음절어의 제1강세 외에도, 하나 또는 그 이상의 다른 음절들은 제2강세를 받을 수 있다. 제1강세를 강세 부호 하나(´)로, 제2강세를 강세 부호 두 개(˝)로 표시하면서, 우리는 앞에서 예를 든 단어들의 강세를 다음과 같이 표시할 수 있을 것이다—phó·to·gráph, pho·tóg·ra·phér, phó·to·gráph·ic. 우리 연구의 초기 단계에서 우리는 강세 있는 모든 음절들을 동등한 것으로 간주할 수 있다. 뒤에서 우리는 제1강세와 제2강세뿐만 아니라 여러 등급의 강세들을 구별하고 싶어할 것이다.

단음절어들은 홀로 있을 때면 강세 있는 것으로 생각될 수 있지만, 어구 속에서 다른 단어들과 연관되어 있을 경우 그 어구의 의미에 따라 강세 있을 수도 또는 없을 수도 있다—"dówn the stréet." 그리고 이번에는 어구들이 모여져 문장을 이룰 때, 그 어구들에서의 강세들은 변할 수 있다—"As we wálked down the stréet, we mét twó of our fríends." 또 다시 한 문장의 강세 배분은 다른 억양 패턴에 의해 다른 의미들을 암시하기 위해, 단어 사용상의 어떤 변화 없이도, 변할 수 있다—"[On the way up the street, we saw no one;] as we wálked dówn the stréet, we mét twó of our fríends." 그렇다면 강세 있는 음절들과 강세 없는 음절들의 교대가 바로 시뿐만 아니라 산문을 포함한 모든 언어의 리듬인 것이다. 산문에서 강세들의 배분은 무척 불규칙적인 것일 수 있다. 다시 말해서, 강세 있는 음절들 사이에 강세 없는 음절들이 거의 없을 수도, 전혀 없을 수도, 반대로 많을 수도 있다. 강세의 빈발에는 식별 가능한 어떤 패턴이 전혀 없을 수 있는 것이다.

운문에서 우리는 대체로 강세 있는 음절들과 강세 없는 음절들의 한 이상적인 규칙적 패턴을 확인할 수 있다. 코울리지(Samuel Taylor Coleridge, 1772-1834)의 「한밤의 서리」("Frost at Midnight")의 서두 행들은 복잡성이 거의 없는 강세 패턴을 보여준다.

    The Fróst perfórms its sécret mínistrý,

Unhélped by ány wind. The ówlet's crý
Cáme lóud—and hárk, agáin! lóud as befóre.
The ínmátes of my cóttage, áll at rést,
Have léft me tó that sólitúde, which súits   5
Abstrúser músings: sáve that át my síde
My crádled ínfant slúmbers péacefullý.
'Tis cálm indéed! so cálm, that ít distúrbs
And véxes méditátion with its stránge
And extréme sílentnéss.   10

서리가 은밀한 봉직(奉職)을 수행하고 있다
바람의 도움도 없이. 새끼 올빼미의 울음소리가
요란하게 들려왔다—그런데 다시 들어보라! 전처럼 요란한 소리를.
내 오두막집 동숙자들은 모두 잠들어
한층 더 심원한 묵상에 알맞는 저 고독에   5
나를 남겨놓았다. 내 곁에서
요람에 든 내 아기가 평온하게 선잠 들어 있는 것 빼고는.
정말 고요하구나! 너무 고요해서 그 기이한
극도의 정적으로 명상을 어지럽히고
괴롭히는구나.   10

열 개의 행 중 여섯 행에서 패턴은 동일하다. 즉, 강세 없는 음절들과 강세 있는 음절들이 정확하게 교대한다. 나머지 행들 중 세 행에서 이 패턴은 한 지점에서만 흐트러지고, 그래서 이 행들에서조차 [강세 있는 음절들과 강세 없는 음절들의] 통상적인 교대가 지배적이다. 이상적 패턴은 운문의 율격(律格, *meter*)으로 불린다. 우리는 그것을 이상적이라고 부르는데, 왜냐하면 강세의 실제적 배분이 순간적 이탈 없이 무척 오랫동안 그 패턴에 순응하는 경우는 좀처럼 없기 때문이다. 그렇지만 율격―이상적 패턴―이 문장의 논리적 리듬을 제한하고자 애쓴다고 생각하는 것이 일반적 경향이다. 우리는 대체로 큰 어려움 없이 이상적 패턴을 확인하고 또 실제 리듬 (*actual rhythm*)이 이상적 율격에 순응하는 정도의 효과를 발견할 수 있다.

관례적으로 우리는 율격이 있는 행을 음보(音步, *foot*)로 불리는 단위들로 나누는데, 각 음보는 대개 강세 있는 한 음절 및 강세 없는 연관된 음절들을 포함한다. (강강격(*spondee*)에서는 두 음절 모두 강세가 있다.) 영어 운문에서 가장 중요한 음보는 약강격(*iamb*) 또는 약강 음보(*iambic foot*)인데, 강세 없는 한 음절을 강세 있는 한 음절이 뒤따르는 것으로 이루어진다(˘ ´).

> Mў héart | is líke | ă síng | ing bírd
> Whŏse nést | is ín | ă wá | tĕred shóot, . . .
> (Christina Rossetti, "A Birthday," ll. 1-2)

> 내 마음은 노래하는 새 같아요,
> 물오른 햇가지에 둥지를 틀었지요. (크리스티나 로제티, 「생일」, 1-2행)

지금까지 대다수 영어 운문은 기본적으로 약강 율격으로 씌어져 있다. 수많은 가능한 율격들 중에서 여러 가지 다른 율격들이 여기에서 확인되어야 할 정도로 충분히 빈번하게 사용되고 있다. 강약격(*trochee*) 또는 강약 음보 (*trochaic foot*)는 또다른 2음절 음보로서, 강세 있는 음절이 먼저 나온다(´ ˘).

> Thére thĕy | áre, mў | fíftў | mén ănd | wómĕn
> Námĭng | mé thĕ | fíftў | pŏĕms | fínĭshed!
> (Robert Browning, "One Word More," ll. 1-2)

> 저기 그들이 있소, 내가 완성한
> 50편의 시의 제목이 되어 준 50명의 남녀가!
>
> (로버트 브라우닝, 「한 마디만 더」, 1-2행)

두 개의 3음절 음보가 영어 운문에서는 어느 정도 빈번하게 나타난다. 이들 중 보다 흔한 것은 약약강격(*anapest*, ˘ ˘ ´)으로서, 이것은 강세가 음보의 끝에 나타나기 때문에 약강격과 마찬가지로 상승 율격(*rising meter*)으로 불린다.

> Fŏr thĕ móon | nĕvĕr béams | withŏut bríng | ĭng mĕ dréams
>   Ŏf thĕ béau | tĭfŭl Án | năbĕl Lée;
> Ănd thĕ stárs | nĕvĕr rírse | bŭt Ĭ sée | thĕ bríght éyes
>   Ŏf thĕ béau | tĭfŭl Án | năbĕl Lée; . . .
>
> (Edgar Allan Poe, "Annabel Lee," ll. 34-37)

> 달이 빛날 때면 저는 언제나
>   아름다운 애너벨 리의 꿈을 꾸니까요,
> 그리고 별들이 돋을 때면 저는 언제나
>   아름다운 애너벨 리의 빛나는 눈을 보니까요.
>
> (에드거 앨런 포우, 「애너벨 리」, 34-37행)

약약강격 행들의 효과는 종종 경쾌하고 신속하다. 이 행들은 또 단조롭게 되어버리는 경향이 있는데, 운문이 여기에서처럼 철저하게 규칙적이거나, 인용된 행들의 첫 행에서의 "beams"와 "dreams," 세 번째 행에서의 "rise"와 "eyes" 같은 중간운에 의해 규칙성이 강화될 때 특히 그러하다. 이 사례에서 효과는 제2행과 제4행의 동일성에 의해 한층 더 강화되고, 그래서 이 시는 강세의 강렬성을 다양화함으로써 또 논리적 리듬에 통상적인 것보다 더 큰 관심을 기울여 이상적 율격을 약화시킴으로써 조금이나마 무난하게 읽혀질 수 있다.

하강 율격(*falling meter*)으로 이루어진 3음절 음보는 강약약격(*dactyl*, ´˘˘)으로 불린다. 이것은 네 가지 주요 영시 율격들 중에서 가장 덜 빈번하게 사용되고, 지배적 율격으로서보다는 대체 음보의 원천으로서 더 중요하다. 음보가 강세 없는 두 개의 음절로 끝나기 때문에 압운은 삼중 여성운이거나 강세 없는 음절들만 이례적이고 어색하게 압운할 것임에 틀림없다. 따라서, 강약약격 행들은 [롱펠로우(Henry Wadsworth Longfellow, 1807-1882)의] 『이밴절린』(*Evangenline*)에서처럼 압운하지 않을 공산이 크거나, 마지막 강약약격 대신에 대체 음보가 사용되기도 한다. 토머스 후드(Thomas Hood, 1799-1845)의 「한숨의 다리」("The Bridge of Sighs")는 각 연의 제1·3행에서는 삼중 여성운을 사용하고, 제2·4행에서는 강세 하나만을 대신 사용하고 있음을 보여준다.

> Óne mŏre Ŭn | fŏrtŭnăte,
>   Wéarў ŏf | bréath, ˘ ˘
> Ráshlў ĭm | pórtŭnăte,
>   Góne tŏ hĕr | déath! ˘ ˘   (ll. 1-4)

> 불운한 또 한 여성이,
>   숨쉬는 것에도 지치고,
> 성급하게 만사를 성가셔하다,
>   스스로 몸을 내던지고 말았구나! (1-4행)

이 기본 율격들로부터 여러 가지 변종들이 생겨날 수 있다. 우리가 약강 율격의 한 사례로 인용한 바 있는 크리스티나 로제티의 「생일」은 빈번히 나타나는 한 변종을 보여준다.

> Ráise mĕ | ă dáis | ŏf sílk | ănd dówn;
> Háng ĭt | wĭth váir | ănd púr | plĕ dýes; . . . (ll. 9-10)

> 제게 비단과 솜털로 높은 단을 만들어 주세요,
> 거기에 얼룩다람쥐 모피와 자줏빛 천을 걸쳐 주세요. (9-10행)

이 구절에서 명령법은 각 행의 첫 음절인 동사에 강세를 둘 것을 요구하고, 그래서 첫 음보는 강약격이다. 여기에서 어느 정도 다양한 독법이 가능하다는 점에 또 유의하라. "dais"는 장음 *a*를 가진 한 음절로 발음될 수 있는데, 이 경우 음보는 정상적인 약강격이다. 그렇지만 만일 독자가 여느 때처럼 이 단어를 두 음절로 발음하는 쪽을 택한다면("dá·is"), 세 번째 음보는 강세 있는 음절 전에 강세 없는 두 개의 음절을 가진 것으로 여겨질 수 있고("-is ŏf sílk"), 이 경우 그것은 약약강격이 될 것이다. 실제로 "-is"와 "of"를 똑똑치 않게 잇대어 발음해서 강세 없는 한 음절로 만드는 것이 전반적인 경향이고, 그래서 또다시 우리는 약강 음보를 갖게 될 것이다.

기본적으로 강약격인 다음 연에서는 다른 변종들이 나타난다.

> Óut ŭ | pón ĭt! | Í hăve | lóved ˘
> Thrée whóle | dáys tŏ | géthĕr;
> Ánd ăm | líke tŏ | lóve thrée | móre, ˘
> Íf ĭt | próve fáir | wéathĕr. (Sir John Suckling, "Out upon It!" ll. 1-4)

> 제기랄! 나는 사랑했다
>   연이어 사흘 동안 내내,
> 그리고 사흘 더 사랑할 것 같다
>   날씨만 맑다면. (존 서클링 경, 「제기랄!」, 1-4행)

한 행의 끝에 나오는 강약 음보는 제2·4행에서처럼 여성운을 만든다는 점을 주목하라. 만일 시인이 여성운을 지나치게 사용하는 것을 피하고자 한다면, 그는 우리가 앞에서 인용한 강약 율격의 사례에서 브라우닝이 그러하듯 행들을 압운하지 않은 채로 남겨둘 수 있다. 보다 자주 그는 현재 사례의 제1·3행에서처럼 강세 없는 마지막 음절을 생략함으로써 남성운을 만든다. 이런 식으로 그는 보통의 약강격 행으로는 얻을 수 없었던, 강세로 행을 시작하는 이점을 얻고(물론 그는 첫 약강격 대신에 강약격을 사용함으로써 이런 혜택을 종종 누린다), 동시에 강세로 행을 끝내면서 남성운을 확보한다. 분명히 때로는 기본 율격이 약강격인지 또는 강약격인지에 관해, 즉 수많은 대체 음보들이나 변종들 중 어느 것에 의해 수정되는 것이 약강격인지 또는 강약격인지에 관해 의견의 차이가 있게 될 것이다.

  더욱이 이 연에서의 여러 음보들은 강세 있는 두 개의 음절을 담고 있다. 이 음보는 강강격(*spondee*) 또는 강강 음보(*spondaic foot*, ´´)로 불린다. 그것은 한 어구를 특히 강조하거나 급작스런 강력한 움직임이 적합한 경우에 대체 음보로 사용된다. 그것이 한 행의 지배적 율격이 되는 경우는 아주 드물다.

  때로 하나의 강세를 옮겨놓게 되면 강세 없는 두 개의 음절로 이루어진 하나의 음보가 남게 될 것이다.

  Ănd óf | tĕn fŏr | púre dóubt | ănd dréad
  Shĕ sóbbed, | máde gíd | dў ĭn | thĕ héad . . . .
        (William Morris, "The Haystack in the Floods," ll. 23-24)

  그리고 종종 모든 게 의심스럽고 두려워서
  그녀는 현기증을 일으키며 흐느꼈다 . . . .
        (윌리엄 모리스, 「홍수 속 건초 더미」, 23-24행)

이같은 음보는 약약격(*pyrrhus*) 또는 약약 음보(*pyrrhic foot*, ˘ ˘)로 불린다. 이것이 한 행의 지배적 율격이 될 수는 없다.

 운율 분석(*scansion*), 즉 강세 있는 음절들과 강세 없는 음절들을 표시한 후 행을 음보로 나누는 것은 근사치일 뿐인데, 왜냐하면 그것은 모든 강세가 같은 무게를 지닌다는 것을 함축하고 있는 것처럼 보이기 때문이다. 실제로 훌륭한 독자는 행들의 의미에 반응하면서 강세에 있어서의 강렬성의 미묘한 다양성을 지적할 것이다. 크리스티나 로제티의 「생일」의 첫 두 행을 다시 예로 들어보자.

  Mў héart | ĭs líke | ă síng | ĭng bírd
   Whŏse nést | ĭs ín | ă wá | tĕred shóot; . . .

대부분의 독자들은 "like"와 "sing"보다 "heart"와 "bird"에 더 강한 강세를, 그리고 "like"보다는 "sing"에 더 강한 강세를 둘 것이다. 그렇지만 분명히 "like"조차도 강세 없는 네 개의 음절 중 어느 것보다 훨씬 더 강한 강세를 받는다. 율격을 확인하기 위해 모든 강세들은 동등한 것으로 취급될 수 있다. 큰 소리로 읽거나 한 행의 정확한 의미를 결정하기 위해 강세를 두는 것은 이상적 율격과 문장에서의 강세들의 논리적 배분 사이에서 중재자 역할을 해야 한다. 우리는 보다 강한 강세를 높은 숫자로 표시함으로써 앞에서 인용한 바 있는 한 연에 대한 가능한 한 가지 독법을 나타낼 수 있다.

$$\overset{3}{\text{Out}} \; \breve{u} \mid \overset{1}{\text{pon}} \; \breve{\text{it}}! \mid \overset{2}{\text{I}} \; \breve{\text{have}} \mid \overset{3}{\text{loved}} \; \breve{}$$
$$\overset{3}{\text{Three}} \; \text{whole} \mid \overset{3}{\text{days}} \; \breve{\text{to}} \mid \overset{2}{\text{gether}};$$
$$\overset{1}{\text{And}} \; \breve{\text{am}} \mid \overset{2}{\text{like}} \; \breve{\text{to}} \mid \overset{2}{\text{love}} \; \text{three} \mid \overset{2}{\text{more}}, \; \breve{}$$
$$\overset{2}{\text{If}} \; \breve{\text{it}} \mid \overset{2}{\text{prove}} \; \breve{\text{fair}} \mid \overset{2}{\text{weather}}.$$

이처럼 이상적 율격은 어구들의 논리에 의해 전적으로 말살되는 것이 아니라 미묘하게 수정되는 것이다.

한 주어진 시편에서의 행들의 길이를 음보의 측면에서 관찰하는 것이 유익한 경우가 종종 있다. 흔히 사용되는 음보는 강세 있는 한 음절과 강세 없는 한 두 개의 음절로 구성되기 때문에, 음보의 숫자는 대개 강세의 숫자와 일치할 것이지만 음절들의 숫자와 변함 없는 관계를 맺지는 않을 것이다. 행 길이에 사용되는 용어들은 다음과 같다. 1음보 행은 1보격(步格)(mo·nóm·e·tẽr), 2음보 행은 2보격(dím·e·tẽr), 3음보 행은 3보격(trím·e·tẽr), 4음보 행은 4보격(te·trám·e·tẽr), 5음보 행은 5보격(pen·tám·e·tẽr), 6음보 행은 6보격(hex·ám·e·tẽr). 보다 긴 행들도 이론적으로는 가능하지만, 우리가 여기에서 관심을 기울이지 않아도 될 만큼 자주 나오지는 않는다. 더욱이 그것들은 대개 보다 짧은 행들을 억지로 합쳐 놓은 것으로 간주되곤 하기 때문에, 7보격처럼 보이는 것이 실제로는 4보격과 3보격이 교대해 나오는 것일 수 있다. 이 용어들은 음보의 명칭과 합쳐져 다양한 행들의 이상적 율격을 기술하는 데 사용된다. 그래서 블레이크(William Blake, 1757-1827)의

「호랑이」("The Tyger")의 율격은 강약 4보격(trochaic tetrameter)이고, 반면에 소네트(sonnet), 영웅시체 2행 연구(連句)(heroic couplet), 무운시(無韻詩, blank verse), 그리고 다른 많은 상황들에서 사용되는 가장 빈번한 영시 행은 약강 5보격(iambic pentameter)이다.

우리의 사례들은 행 길이가 때로 이상적 율격의 확정된 길이와 다르다는 점을 이미 보여준 바 있다. 이 변종들은 무척이나 불규칙적이어서 그러한 변종들을 지칭하는 특별한 어휘의 대부분은 별 가치가 없다. 그렇지만 그 중 한 가지 변화는 얼마간의 관심을 반드시 기울여야 할 만큼 아주 빈번하다. 때로 약강 5보격 행에 하나의 추가 음보가 덧붙여져 늘어나 알렉산더 행(*Alexandrine*)이 만들어질 것이다. 스펜서(Edmund Spenser, 1552-1599)는 그 특유의 연들을 매듭짓기 위해 그런 시행들을 정기적으로 사용했으며, 이 행들은 가끔은 다른 자리에서 나타난다. 스펜서 연(Spenserian stanza)에서 알렉산더 행은 이 연을 멈춰 세우고, 마무리하고, 매듭짓는다. 그렇지만 그런 일반화는 다른 상황들에는 적용되지 않는데, 왜냐하면 하나의 알렉산더 행은 주변의 5보격 행들과 관련하여 가속화되거나 지체된 것처럼 보일 수 있기 때문이다.

⟨2⟩ 운문 행

시의 리듬에 있어서 또다른 요소는 중간 휴지(中間休止, *caesura*)로 알려진, 한 행 내에서의 자연스러운 멈춤이다. 많은 행들에서 어법의 논리는 그 행의 중간 근처의 어느 곳에서의 음고(音高)의 하강과 더불어 짧은 중단을 낳는다.

A time there was, ‖ ere England's griefs began, ...
(Oliver Goldsmith, "The Deserted Village," l. 57)

한 시절이 있었네, 영국의 슬픔이 시작되기 전에, ...
(올리버 골드스미스, 「버려진 마을」, 57행)

『이밴절린』의 6보격에서처럼 무척 긴 행들에서 부차적 중간 휴지들은 반행 내에 나타난다. 실제로 10음절보다 더 긴 행은 대개 두 부분으로 쪼개지는 경향이 있고, 소리내어 읽으면 두 행처럼 들릴 것이다. 솜씨 좋은 시인은 중간 휴지에서 자신의 목적에 맞게 운문을 형체화하는 도구를 하나 더 발견한다. 즉, 그는 연속되는 각 행의 동일한 지점에 중간 휴지를 정확하게 배치함으로써 규칙성을 증대시키거나, 중간 휴지의 위치를 다양화함으로써 그의 행들에 느슨하고 흐르는 듯한 또는 격식 차리지 않은 대화적 효과를 부여할 수 있다. 중간 휴지의 위치가 각 행에서의 내적인 구두점과 일치한다고 가정하면서, 다음의 실제 사례들을 비교해 보라.

> Be judge yourself, I'll bring it to the test,
> Which is the basest creature, man or beast:
> Birds feed on birds, beasts on each other prey;
> But savage man alone, does man betray.
> Pressed by necessity, *they* kill for food;
> Man undoes man, to do himself no good.
> (John Wilmot, Second Earl of Rochester, "A Satire against Mankind," ll. 127-32)

> 그대 스스로 판단해 보라, 내 시험해 보리니,
> 인간과 짐승 중에 어느 쪽이 가장 비열한 족속인지를.
> 새들도 다른 새들을 먹고, 네발짐승들도 서로 잡아먹지만,

> 잔혹한 인간만이 인간을 배신한다.
> 극도로 궁핍해지면 그들[짐승들]은 먹이를 위해 죽이지만,
> 인간은 자기에게 아무런 이익이 되지 않는데도 다른 인간을 파멸시킨다.
>
> (존 윌모트, 제2대 로체스터 백작, 「인간에 대한 풍자」, 127-32행)

> . . . Will share thy destiny. The gay will laugh
> When thou art gone, the solemn brood of care
> Plod on, and each one as before will chase
> His favorite phantom; yet all these shall leave
> Their mirth and their employments, and shall come
> And make their bed with thee. As the long train . . .
>
> (William Cullen Bryant, "Thanatopsis," ll. 61-66)

> . . . 그대와 같은 운명이리라. 그대 간 후에도
> 쾌활한 자는 웃을 것이고, 근심 많은 근엄한 무리는 계속
> 터벅터벅 걸어갈 것이고, 각자는 여전히
> 자신이 좋아하는 환상을 쫓으리라. 하지만 이들 모두는
> 즐거움과 하던 일을 남겨두고, 와서 그대와
> 잠자리를 함께 하게 되리라. . . . 긴 행렬이 . . .
>
> (윌리엄 컬런 브라이언트, 「사관(死觀)」, 61-66행)

독자는 형식의 다른 요소들과 더불어 중간 휴지의 위치를 눈여겨봄으로써 행들의 중요성이나 행들을 효과적으로 읽는 법에 대한 단서들을 발견할 수 있다.

행들은 더 나아가 행말 종지 시행(行末終止詩行, *end-stopped line*)과 월행(越行, *run-on line*)으로 구분될 수 있다. 행말 종지 시행은 시상(詩想)의 논리적 단위와 일치하고, 그래서 대개 구두점에 의해 종결된다. 월행(또는 앙

장브망(*enjambement*))은 한 단위의 시상의 일부 또는 두 단위의 시상의 부분들을 담고 있다. 구두점에 의해 표시된 종지부들은 행들 내에 있거나, 시상 단위들은 둘 또는 그 이상의 행들에까지 퍼져 가서 행들 중 몇 개만이 행말에 종결된다. 거듭 말하지만, 시인은 다양한 효과들을 위해 운문의 이 특질을 조작할 수 있다. 우리는 모든 사례들을 설명해 주는 그런 식의 일반화를 제시할 수는 없지만, 가능한 효과들 중에는 월행들이 만들어내는 신속하게 지속되는 논지나 매끄럽게 흘러가는 담론, 그리고 이와는 대조적으로 행말 종지 시행들이 만들어내는 밋밋한 신탁(神託) 같은 발언 등이 있다. 앞 문단에서 인용된 첫 번째 사례에서는 모든 행들이 행말 종지 시행인데 비해, 두 번째 사례에서는 모든 행들이 월행이다. 이 특질은, 중간 휴지를 다루는 데 있어서의 차이와 더불어, 그리고 첫 번째 사례가 압운하고 두 번째 사례는 압운하지 않는다는 사실과 더불어, 이 두 약강 5보격 구절들의 움직임·템포·기분상의 놀라운 차이들을 설명해 준다.

〈3〉 연(聯) 형식

마지막으로 우리는 행들이 집단을 이루어 보다 큰 구조적 단위들을 만드는 방식들 중 몇 가지를 검토해야 한다.

때로 행들은 불규칙하게 집단을 이루어서, 분할된 부분들은 서사나 논의의 전개에 있어서의 중요한 단계들에 대응된다. 그같은 단위들은 길이에 있어서 다양하고, 실제로 그 행들이 조금이라도 압운한다고 해도 어떤 정해진 압운 형식에 의해 표시되지 않는다. 이렇게 집단을 이룬 부분은 **운문단락**(*verse paragraph*)으로 불린다. 그것은 **무운시**(無韻詩, *blank verse*) — 압운하지 않는 약강 5보격 — 와 **자유시**(*free verse*) 형식의 긴 시편들에서 나타날 가능성이 크다. 워즈워스(William Wordsworth, 1770-1850)의 「틴턴 수도원 몇 마일 위에서 씌어진 시」("Lines Composed a Few Miles above Tintern Abbey")는 그 좋은 사례이다.

연속되는 각 집단에서 다시 나타나는 압운 형식에 의해 함께 묶여진, 한정된 수의 행들로 이루어진 집단은 연(聯, *stanza*)으로 불린다. (운문(*verse*)이라는 용어가 때로 연 대신에 부정확하게 사용되기도 한다. 그런데 이 용어는 노래와 연관된 통상적인 용도를 위해, 또는 개별 행을 지칭하기 위해 남겨놓아야 한다.)

연속된 두 행으로 이루어진 한 쌍은 2행 연구(連句)(*couplet*)로 불린다. 이것은 압운할 가능성이 높거나, 만일 압운하지 않는다면 그 두 번째 행은 행말 종지 시행이 될 것이다. 압운하는 2행 연구는 열려 있을(*open*) 수 있다. 즉, 두 번째 행은 월행이 될 것이어서 운문의 움직임은 자유롭고 한 2행 연구에서 다음 2행 연구까지 연속된다.

> A thing of beauty is a joy for ever:
> Its loveliness increases; it will never
> Pass into nothingness; but still will keep
> A bower quiet for us, and a sleep
> Full of sweet dreams, and health, and quiet breathing.
> Therefore, on every morrow, are we wreathing . . . .
>
> (John Keats, *Endymion*, Book 1, ll. 1-6)

아름다운 것은 영원한 기쁨.
그 사랑스러움은 더해 가고, 그것은 결코
무(無)로 옮겨가지 않으며, 언제나
우리 위해 정자를 고요하게 하고, 잠을

단꿈과 건강과 고요한 호흡으로 채워 주리라.
그러므로 아침마다 우리는 짜고 있다 . . . (존 키츠, 『엔디미온』, 제1권, 1-6행)

닫힌 2행 연구(closed couplet)는 자족적이다. 첫 행은 행말 종지 시행일 가능성이 높고, 두 번째 행도 확실히 그렇다. 그 효과는 열린 2행 연구의 자유로운 움직임보다 더 격식차리고 경구적이거나 더 신탁적(神託的)이다.

True wit is Nature to advantage dressed,
What oft was thought, but ne'er so well expressed;
Something whose truth convinced at sight we find,
That gives us back the image of our mind.
(Alexander Pope, *An Essay on Criticism*, ll. 297-300)

참 위트는 돋보이게 옷입혀진 자연,
자주 생각되었지만 그처럼 멋지게 표현된 적이 결코 없었던 것.
보는 순간 그 진리를 확신하게 되고,
우리에게 우리 마음의 상(像)을 되돌려주는 어떤 것.
(앨릭잰더 포우프, 『비평론』, 297-300행)

2행 연구는 빈번히 약강 또는 강약 4보격으로 씌어진다. 어떤 율격이건 이 연구는 종종 8음절 2행 연구(octosyllabic couplet)로 불리는데, 각 행의 길이가 8음절이라는 점에 관심을 환기시키기 위해서이다.

The Lamb misused breeds Public strife
And yet forgives the Butcher's Knife.
The Bat that flits at close of Eve
Has left the Brain that won't Believe. (Blake, "Auguries of Innocence," ll. 23-26)

> 혹사당한 양은 사람들간의 갈등을 낳지만
> 백정의 칼을 용서한다.
> 저녁이 끝날 무렵 획획 날아다니는 박쥐는
> 좀체 믿지 않으려 하는 자의 두뇌에서 떠나온 것이다.
>
> (블레이크, 「순진무구의 조짐들」, 23-26행)

한층 더 빈번하게 2행 연구는 약강 5보격으로 되어 있고, 종종 10음절 2행 연구(*decasyllabic couplet*)로 불린다. 닫힌 10음절 2행 연구는 때로 영웅시체(英雄詩體) 2행 연구(*heroic couplet*)로 알려져 있다. 두 문단 앞에서 예시된 이 연은 왕정복고기와 18세기에 특히 드라이든(John Dryden, 1631-1700)과 포우프(Alexander Pope, 1688-1744)에 의해 서사시(영웅시) 또는 모의(模擬)-영웅시(mock-heroic verse)에 사용되었다. 그것은 빈번히 중간 휴지 근처를 축으로 삼거나 두 행 전체에 걸쳐 발전된, 그리고 두운과 각운에 의해 강화된, 논리적 균형 또는 대조를 보여주었다.

> Where wigs with wigs, with sword-knots sword-knots strive,
> Beaux banish beaux, and coaches coaches drive.
>
> (Pope, *The Rape of the Lock*, Canto 1, ll. 101-102)

> 거기에선 이 가발과 저 가발이, 이 칼집 술과 저 칼집 술이 서로 다투고,
> 이 멋쟁이가 저 멋쟁이를, 이 마차가 저 마차를 몰아내지요.
>
> (포우프, 『머리타래의 겁탈』, 제1곡, 101-102행)

그런데 2행 연구 사이를 연처럼 스페이스를 두지 않고 인쇄하는 것이 아직은 상례인데, 몇몇 저자들은 2행 연구를 연으로 지칭하지 않고, 스페이스를 둠으로써 구획된 보다 긴 행 단위만을 연으로 간주한다.

일련의 영웅시체 2행 연구에서 하나의 변종으로서 압운하는 연속된 세 행은 3행 연구(*triplet*)로 알려져 있다. 예전의 인쇄 관행에서 3행 연구는 행들의 오른쪽 끝에 세 각운을 연결시키는 중괄호({)에 의해 표시되었다.

길이가 어떻든 간에 압운하며 하나의 독자적인 연으로 다루어지는 세 행은 3행연(*tercet*)을 구성한다. 대체로 세 행은 동일한 각운을 갖고 있지만, 만일 세 행 중 두 행만이 압운한다면 다른 배열도 가능하다. 옛날에 발전된 3행연의 한 형태는 단테(Dante)로부터 빌어온 것인데, 첫 3행연이 *a b a*로 압운하는 약강 5보격 행들인 테르차 리마(*terza rima*, 三韻句法)이다. 두 번째 3행연은 첫 3행연의 중간 행의 각운을 집어들여서 그 압운 형식은 *b c b*이다. 이 패턴이 반복되고, 시 전체는 그 각운들에 의해 단단히 연계된다.

>   As in that trance of wondrous thought I lay,
>   This was the tenour of my waking dream: —
>   Methought I sat beside a public way
>
>   Thick with summer dust, and a great stream
>   Of people there was hurrying to and fro,
>   Numerous as gnats upon the evening gleam, . . .
>   (Percy Bysshe Shelley, "The Triumph of Life," ll. 41-46)

>   그 놀라운 상념의 황홀경 속에서 내가 누워 있었을 때,
>   이것이 나의 깨어 있는 꿈의 요지였다—
>   내 생각에 나는 여름 먼지가 자욱한
>
>   큰길가에 앉아 있었는데, 수많은
>   인파가 어슴푸레한 저녁빛 속에서 노니는

무수한 각다귀들처럼 이리저리 서둘러 가는 중이었다, . . .

(퍼시 비쉬 셸리, 「삶의 개선 행렬」, 41-46행)

이와 비슷한 연계가 스펜서 연(Spenserian stanza)과 스펜서풍 소네트 (Spenserian sonnet)에서도 나타날 것이다.

네 개의 행으로 이루어진 연은 4행연 또는 4행 연구(*quatrain*)로 알려져 있다. 이 연에서는 몇 가지 흥미로운 변종들이 가능한데, 활용 가능한 다양한 행 길이와 율격들로 인해서뿐만 아니라 각운들이 여러 가지 방식으로 배열될 수 있기 때문이다. *a b a b*로 압운하는 것이 흔한 형태이다.

> The curfew tolls the knell of parting day,
> The lowing herd winds slowly o'er the lea,
> The plowman homeward plods his weary way,
> And leaves the world to darkness and to me.
>
> (Thomas Gray, "Elegy Written in a Country Churchyard," ll. 1-4)

만종(晚鐘)은 떠나가는 날의 조종(弔鐘)을 울리고,
소떼는 음매 하고 울며 느리게 풀밭을 구불구불 지나간다.
쟁기질하던 사람은 지친 발걸음으로 터벅터벅 집으로 가면서,
어둠과 나에게 이 세상을 남겨두네.

(토머스 그레이, 「시골 교회 묘지에서 지은 비가(悲歌)」, 1-4행)

행들이 여기에서처럼 약강 5보격일 경우, 이 연은 영웅시체 연(*heroic stanza*) 또는 비가체(悲歌體) 연(*elegiac stanza*)으로 알려져 있다. '비가체 연'이라는 용어는 우리가 방금 인용한 그레이(Thomas Gray, 1716-1771)의 「시골 교회 묘지에서 지은 비가」("Elegy Written in a Country Churchyard")에서 비롯된 것이다.

어떤 4행연들은 다음과 같이 두 행만 압운한다—x a x a. 바로 그같은 4행연이 밸러드 연(*ballad stanza*)[또는 담시 연(譚詩聯)]인데, 4보격과 3보격 행이 교대로 나타난다.

> There lived a Wife at Usher's Well,
>   And a wealthy wife was she;
>   She had three stout and stalwart sons,
>   And sent them o'er the sea. ("The Wife of Usher's Well," ll. 1-4)

> 어셔의 우물가에 한 아낙네가 살았는데,
>   그녀는 부유한 아낙네였다네.
>   그녀에겐 담대하고 건장한 아들 셋이 있었는데,
>   그들 모두를 바다 저편으로 보냈다네. (「어셔의 우물가의 아낙네」, 1-4행)

그런데 밸러드들이 늘 이 연 형식으로 지어지는 것은 아니라는 점에 유의하라.

또다른 변종은 첫 번째 각운 내에 두 번째 각운을 감싸는 형태이다—*a b b a*. 이 연은 **봉투형 4행연**(*envelope quatrain*) 또는, 약강 4보격일 경우, (테니슨이 『A. H. H.를 추도하며』(*In Memoriam A. H. H.*)에서 이 연을 기억할 만하게 사용했다고 해서) **추도시 연**(*In Memoriam stanza*)으로 불린다.

> Old yew, which graspest at the stones
>   That name the underlying dead,
>   Thy fibers net the dreamless head,
> Thy roots are wrapped about the bones. (ll. 1-4)

시의 형식   91

> 그 아래에 누운 망자(亡者)의 이름을 알려주는
> 묘비를 움켜쥐고 있는 늙은 주목(朱木)이여,
> 네 섬유조직은 꿈꾸지 않는 머리를 그물로 덮고,
> 네 뿌리는 뼈들 주위를 감싸고 있구나. (1-4행)

흥미롭고 특별한 한 변종은 *a a x a*로 압운하는 약강 5보격 행들인 **루바이야트 4행연**(*Rubáiyát quatrain*)이다.

> Awake! for Morning in the Bowl of Night
> Has flung the Stone that puts the Stars to Flight:
> And Lo! the Hunter of the East has caught
> The Sultan's Turret in a Noose of Light.
>
> (Edward FitzGerald, *The Rubáiyát of Omar Khayyám*, 1st version (1859), ll. 1-4)

> 깨어나라! 밤의 주발 속에서 아침이
> 돌을 던져 별들을 패주시켰으니,
> 그리고 보라! 동녘의 사냥꾼이
> 빛의 올가미로 술탄의 포탑(砲塔)을 붙잡았으니.
>
> (에드워드 피츠제럴드, 『오마르 카이얌의 루바이야트』, 초판본(1859), 1-4행)

여기에서 세 번 반복된 각운의 풍요로움은 압운하지 않는 행에 의해 경감되지만, 행말(行末)의 유사성이 충분히 남아 있어서 4행연을 팽팽하게 자족적인 것으로 만들어 주고 또 이 '철학적인' 시에 예언적 발언의 특질을 부여해 준다.

일단 우리가 4행 단위 너머로 옮겨가게 되면 연 형식에서의 가능한 변종들이 너무 많아서 상세하게 기술할 수 없을 정도이고, 우리는 어느 정도 빈번히 사용되어 왔거나 어떤 독특한 특징들을 보여주는 몇 가지 연 형식만을 덧붙일 수 있을 뿐이다. 7행연들 중에서 제왕운(帝王韻) 연(*rime royal stanza*)은 초서(Geoffrey Chaucer, ca. 1343-1400)와 그의 뒤를 이은 몇몇 시인들에 의해 효과적으로 사용되었다는 점에서 흥미롭다.

    Look how a tigress that hath lost her whelp
    Runs fiercely ranging through the woods astray,
    And seeing herself deprived of hope or help,
    Furiously assaults what's in her way,
    To satisfy her wrath, not for a prey;
      So fell she on me in outrageous wise,
      As could disdain and jealousy devise.

                            (Samuel Daniel, "The Complaint of Rosamond," ll. 582-88)

    보라, 어떻게 새끼 잃은 암범이
    어쩔 줄 몰라 하며 숲 여기저기를 헤매며 맹렬하게 뛰어다니는지를,
    그리고 희망이나 도움은 전혀 기대할 수 없다는 걸 알고는
    먹이를 구하려해서가 아니라 분노를 쏟기 위해
    거치적거리는 건 무엇이건 격분하여 공격하는지를.
      그처럼 난폭하게 그녀는 나를 덮쳤다,
      경멸과 질투가 생각해낼 수 있는 최대한도로.

                            (새뮤얼 대니얼, 「로자몬드의 불평」, 582-88행)

이 행들은 *a b a b b c c*로 압운하는 약강 5보격 행들이다.
    옷타바 리마(*Ottava rima*)는 *a b a b a b c c*로 압운하는 약강 5보격의 8행으로 구성된다.

    He knew whose gentle hand was at the latch,

>   Before the door had given her to his eyes;
>   And from her chamber-window he would catch
>   Her beauty farther than the falcon spies;
>   And constant as her vespers would he watch,
>   Because her face was turn'd to the same skies;
>   And with sick longing all the night outwear,
>   To hear her morning-step upon the stair.
>
>   (Keats, "Isabella; or, The Pot of Basil," ll. 17-24)

>   그는 빗장에 닿은 부드러운 손이 누구 것인지 알았다
>   문이 그의 눈앞에 그녀를 보여주기 전에.
>   그리고 그녀 방 창문으로부터 그는 알아내곤 했다
>   매가 정탐할 때보다 더 멀리서 그녀의 아름다움을.
>   그리고 그녀의 저녁 기도만큼이나 한결같이 그녀를 주시하곤 했다,
>   그녀의 얼굴이 늘 같은 하늘로 향했기에.
>   그리고 애태우는 갈망으로 온 밤 지새곤 했다,
>   층계를 올라오는 그녀의 아침 발걸음을 들으려고.
>
>   (키츠, 「이저벨러, 또는 배질 화분」, 17-24행)

이 연은 (결미 2행 연구는 말할 것도 없고) 각 연마다 두 세트의 연속 각운 세 개를 찾는 데 상당한 재간을 필요로 하지만, 장시에서는 무척 성공적으로 사용되어 왔다.

주목할 만한 9행 형식 한 가지는 스펜서 연(*Spenserian stanza*)인데, 스펜서가 『요정 여왕』(*The Faerie Queene*)을 위해 고안했지만 키츠와 바이런 같은 후배 시인들에 의해서도 성공적으로 사용되었다.

>   Once more upon the waters! yet once more!

And the waves bound beneath me as a steed
That knows his rider. Welcome, to their roar!
Swift be their guidance, wheresoe'er it lead!
Though the strain'd mast should quiver as a reed,
And the rent canvas fluttering strew the gale,
Still must I on; for I am as a weed,
Flung from the rock, on Ocean's foam, to sail
Where'er the surge may sweep, the tempest's breath prevail.

(Byron, *Childe Harold's Pilgrimage*, Canto 3, ll. 10-18)

한 번 더 바다로! 한 번만 더!
그리고 물결은 제 주인을 알아보는 말처럼
내 밑에서 뛰어오른다. 환영하노라, 저들의 굉음(轟音)에 내맡겨진 것을!
어디로 이끌건 간에, 신속한 인도이기를!
비록 팽팽해진 돛대는 갈대처럼 떨고,
찢긴 돛배는 펄럭이며 강풍을 흩뿌리지만,
그래도 나는 배를 타야 한다. 나는 바위에서 내던져져
대양의 물거품 위에 떠 있는 해초마냥 큰 파도가 쓸고 가고
태풍의 숨결이 지배하는 곳은 어디이건 미끄러지듯 나아갈 테니까.

(바이런, 『귀공자 해롤드의 순례』, 제3곡, 10-18행)

처음 8행은 약강 5보격이고, 제9행은 약강 6보격, 즉 알렉산더 행이다. 늘어난 마지막 행은 2행 연구의 닫힌 각운과 결합되어 이 연을 명확한 결론의 평온함으로 이끈다. 영국식 소네트를 스펜서가 사적으로 변형시킨 소네트 형식에서도 보여지는 또다른 스펜서적 특징은 각운들을 연계시키는 것인데, 이 연계에서 첫 번째 4행 연구의 두 번째 각운은 두 번째 4행 연구의 첫 번째 각운이 된다. 그래서 압운 형식은 $a\ b\ a\ b\ b\ c\ b\ c$이다.

〈4〉 소네트

이제 아마 가장 애호되어 온 연 형식이라고 할 수 있는 소네트(sonnet)를 다룰 차례이다. 소네트의 상당히 엄격한 규칙들은 시인에게는 그 자신이 그것의 140개 음절의 한계 내에서 어느 만큼의 폭과 다양성을 창조할 수 있는지를 보여주어야 하는 하나의 도전처럼 보였고, 그 결과 영어로 씌어진 가장 강렬하고 감동적인 많은 시편들뿐만 아니라 가장 솜씨 좋게 빚어진 몇몇 시편들은 이 형식을 취하고 있다.

'소네트'라는 용어는 일반적으로 여러 가지 방식들 중의 하나로 압운하는, 약강 5보격으로 된 14행의 서정시를 지칭한다. 압운 형식과 논리적 전개 방식에 의해 구별되는 두 가지 기본 형식이 영시에서는 가장 빈번하게 사용된다. 페트라르카풍 소네트(Petrarchan sonnet) 또는 이탈리아식 소네트(Italian sonnet)는 a b b a, a b b a, c d e, c d e로 압운한다. (마지막 여섯 행의 압운 형식은 다를 수 있다. 이를테면, c d, c d, c d도 가능하다.)

Divina Commedia, II

How strange the sculptures that adorn these towers!
   This crowd of statues, in whose folded sleeves
   Birds build their nests: while canopied with leaves
   Parvis and portal bloom like trellised bowers,
And the vast minster seems a cross of flowers!   5
   But fiends and dragons on the gargoyled eaves
   Watch the dead Christ between the living thieves,
   And, underneath, the traitor Judas lowers!
Ah! from what agonies of heart and brain,

>   What exultations trampling on despair,   10
>   What tenderness, what tears, what hate of wrong,
>   What passionate outcry of a soul in pain,
>   Uprose this poem of the earth and air,
>   This medieval miracle of song! (Henry Wadsworth Longfellow)

신곡(神曲), 2

> 이 탑들을 장식하는 조각들은 얼마나 기이한가!
>   이렇게나 많은 조상(彫像)들, 그 접힌 소맷자락에
>   새들이 둥지를 튼다. 잎사귀들로 차양을 친
>   앞뜰과 현관은 격자(格子)로 된 정자처럼 화려하게 빛나고,
> 거대한 교회당은 꽃으로 만든 십자가 같구나!   5
>   하지만 이무기 대가리 모양의 홈통이 달린 처마 위의 악귀들과 용들이
>   산 도둑들 속의 죽은 그리스도를 지켜보고,
>   그 아래에서 배신자 유다가 얼굴을 찡그린다!
> 아! 가슴과 머리의 어떤 고뇌로부터,
>   절망을 짓밟는 어떤 환희로부터,   10
>   어떤 상냥함, 어떤 눈물, 불의에 대한 어떤 증오로부터,
>   고통받는 영혼의 어떤 열정적인 외침으로부터,
> 지상과 하늘에 관한 이 시가,
>   이 기적 같은 중세의 노래가 솟아난 것인가! (헨리 와즈워스 롱펠로우)

이같은 소네트는 두 단계로 나뉘어지는 경향이 있다. 처음 8행은 **옥테이브**(*octave*, 8행 연구)를, 마지막 6행은 **세스텟**(*sestet*, 6행 연구)을 이룬다. 이 형식적 분할은 내용의 논리적 진전에 빈번히 반영된다. 옥테이브는 하나의 문제를 제시하거나, 하나의 상황을 묘사하거나, 하나의 관찰을 내놓는다.

세스텟은 어느 정도는 교회 예배에서의 답송(答誦)의 방식으로 이 발단에 대한 한 해결책을 제공하고 문제를 결론짓는다.

좀더 널리 사용된 형식은 셰익스피어풍 소네트(*Shakespearean sonnet*) 또는 영국식 소네트(*English sonnet*)인데, 이것은 *a b a b, c d c d, e f e f, g g*로 압운한다.

LXIV

When I have seen by Time's fell hand defaced
The rich proud cost of outworn buried age;
When sometime lofty towers I see down razed,
And brass eternal slave to mortal rage;
When I have seen the hungry ocean gain   5
Advantage on the kingdom of the shore,
And the firm soil win of the watery main,
Increasing store with loss, and loss with store;
When I have seen such interchange of state,
Or state itself confounded to decay,   10
Ruin hath taught me thus to ruminate,
That Time will come and take my love away.
  This thought is as a death, which cannot choose
  But weep to have that which it fears to lose.

64

낡아빠진 매몰된 시대의 화려하고 당당한 호사스런 것들이
시간의 잔인한 손에 의해 파손된 것을 볼 때,

한때 우뚝 솟았던 탑들이 무너져버리고
　　영원하리라는 놋쇠가 죽음의 파괴적 격노에 굴복한 것을 볼 때,
　　굶주린 대양이 바닷가 영토를　　　　　　　　　　　　　　5
　　조금씩 파먹어 들어가고
　　또 굳은 땅이 광대한 바다를 먹어가서
　　잃으면서 얻고 얻으면서 잃는 것을 볼 때,
　　그처럼 상태가 서로 뒤바뀌거나
　　상태 자체가 뒤엎어져 전적으로 파멸되는 것을 볼 때,　　10
　　이 모든 파멸의 사례들은 나를 한 생각에 잠기게 만들었노라
　　시간이 닥쳐와 내 사랑하는 이 앗아가리란 생각에.
　　　　이 생각은 죽음이나 다름없네, 잃을까 두려운
　　　　어떤 것을 갖고 있어 울지 않을 수 없으니.

여기에서 형식적인 분할과 논리적인 분할은 세 개의 4행 연구와 잇따른 한 개의 2행 연구로 이루어진다. 4행 연구들은 세 개의 연속적인 이미지들, 경험들, 또는 관찰들을 제시하고, 이들은 어떤 합리적 근거에 의해 2행 연구의 해결이나 결론을 향해 움직여 가는데, 이 2행 연구는 셰익스피어의 압운하는 2행 연구가 극에서의 무운시 장면의 종결을 표시하는 것("The play's the thing/ Wherein I'll catch the conscience of the king(연극이야말로/ 내가 왕의 양심을 알아챌 수 있는 도구이지)")(*Hamlet*, 2.2.600-601)과 흡사하게 소네트를 끝맺는다. 영국식 소네트를 스펜서가 변형시킨 **스펜서풍 소네트**(*Spenserian sonnet*)는 그의 뒤를 이은 후배 시인들에 의해 많이 사용되지는 않았는데, 이것은 a b a b, b c b c, c d c d, e e의 압운 형식을 만들기 위해 각운들을 연계시킴으로써 음악적 효과를 특유의 방식으로 강화시키고 있다.

*Amoretti, 75

One day I wrote her name upon the strand,
    But came the waves and washèd it away:
    Agayne I wrote it with a second hand,
    But came the tyde, and made my paynes his pray.
"Vayne man," sayd she, "that doest in vaine assay,   5
    A mortall thing so to immortalize,
    For I my selve shall lyke to this decay,
    And eek my name bee wypèd out lykewize."
"Not so," quod I, "let baser things devize
    To dy in dust, but you shall live by fame: 10
    My verse your vertues rare shall eternize,
    And in the hevens wryte your glorious name.
Where whenas death shall all the world subdew,
    Our love shall live, and later life renew."

아모레티, 75

어느 날 바닷가에 그녀 이름 썼더니,
    파도가 밀려와 씻어가 버렸네.
    두 번 다시 그 이름을 써보았지만,
    조수가 밀려와 내 수고를 집어삼켰네.
"어리석은 이여," 그녀가 말했네, "사멸할 것을   5
    그처럼 불멸케 하려고 헛되이 시도하는군요.
    저 자신도 이처럼 소멸될 거고.
    제 이름도 똑같이 지워지고 말텐데요."
"그렇지 않소," 내가 말했네, "보다 미천한 것들이야 죽어

> 흙이 될 테지만 그대는 명성으로 살아남게 될 거요. 10
> 내 시가 그대의 진귀한 미덕을 영원케 하고,
> 하늘에 그대의 영광스러운 이름을 써둘 테니까요.
> 죽음이 온세상을 정복하더라도,
> 우리 사랑은 살아남아 앞으로의 삶을 새롭게 할 거요."

우리가 말한 바 있듯이 시인들은 소네트라는 엄격한 형식에 의해 도전 받아 오기는 했지만, 그들은 소네트를 실험하고 싶어하기도 했다. 르네상스기의 몇몇 소네트 작가들은 다른 모든 관례들을 따르면서도 6보격 행들을 사용했고, 반면에 보다 근래의 시인들은 행수를 다양하게 변화시켰다. 그래서 제러드 맨리 홉킨즈(Gerard Manley Hopkins, 1844-1889)는 그 자신의 표현을 빌면 "단축" 소네트("curtal" sonnet), 즉 10행에 시행 일부가 덧붙여진 소네트를 만들어냈다. 조지 메러디스(George Meredith, 1828-1909)의 『현대적 사랑』(*Modern Love*)의 16행 시편들은 그 논리적 전개가 표준 소네트의 그것과 상당 부분 동일하기 때문에 때로 소네트로 불리기도 한다. 이 고상한 형식의 가능성들이 아직 고갈되지 않았다는 점에 대해서는 의심의 여지가 없다.

〈5〉 자유시

운율법에 대한 검토를 끝내기 전에 우리는 자유시(*free verse*)의 활기찬 비정통적 특질에 유의해야 한다. 19세기 동안에만 충분히 발전된 이 스타일에서 시인은 미리 정해진 모든 율격들과 연 구조들이 자신의 착상들을 쏟아 부어야 하는 주형(鑄型)들이라는 이유로 그것들을 거부한다. 그는 착상들이, 시가 자라나면서 싹이 트고 가지를 뻗고 꽃을 피울, 그 자체 안에 함축된 한 형식을 갖고 있다고 주장한다. 이 유기적 형식(*organic form*)론은 어떤 정연한 시와는 아주 다르게 지면상에 나타나는 시를 낳는데, 왜냐하면 그것의 행과 운문 단락은 길이가 아주 제각각이기 때문이다. 더욱이 그 같은 시는 압운하지 않고 어떤 이상적 율격에도 순응하지 않는다. 그렇지만 자유시가 그저 산문을 뭉텅 잘라 아무렇게나 행으로 구분해 놓은 것은 아니다. 자유시가 보여주는 어법, 비유적 언어와 상징의 자유로운 활용, 그리고 본질적으로 극적인 방법은 모두 그것이 시의 위대한 전통에 속해 있음을 나타낸다. 운문으로서 그것은 산문보다 훨씬 더 리드미컬하고 약강 패턴으로 나뉘어지는 경향이 있는데, 이 패턴은 어구들의 논리적 리듬과 부합되어 행에는 문장의 의미를 강화시키는 박자가 나타난다. 마찬가지로 운문 단락의 윤곽선은 시상의 전개와 나란히 간다. 월트 휘트먼(Walt Whitman, 1819-1892)의 시에서 전형적인 운문 단락은 적당한 길이의 행으로 시작되어, 점점 길어지는 행을 통해 클라이맥스로 나아가서는, 길이가 짧아진 행으로 끝맺는다.

> Have you reckon'd a thousand acres much? have you reckon'd the earth much?
> Have you practis'd so long to learn to read?
> Have you felt so proud to get at the meaning of poems?
>
> Stop this day and night with me and you shall possess the origin of all poems,
> You shall possess the good of the earth and sun, (there are millions of suns left,)
> You shall no longer take things at second or third hand, nor look through the eyes of the dead, nor feed on the spectres in books,

You shall not look through my eyes either, nor take things from me,
You shall listen to all sides and filter them from your self.

("Song of Myself," ll. 30-37)

그대는 천 에이커의 땅이 넓다고 생각했는가? 그대는 이 지구를 크다고 생각했는가?
그대는 그렇게 오래 읽는 법을 배워 왔는가?
그대는 시편들의 의미를 깨달아서 그렇게 자랑스러웠는가?

오늘 낮과 밤을 나와 함께 있으면, 그대는 모든 시편들의 근원을 갖게 될 것이고,
그대는 지구와 태양의 정화(精華)를 갖게 될 것이고(그런데 태양들이 수백만 개나 남아 있다),
그대는 더 이상 두 세 사람 거쳐 사물들을 받아들이게 되지도 않을 것이고, 죽은 이들의 눈을 통해 바라보지도 않을 것이고, 책 속의 유령들을 먹고 살지도 않을 것이고,
그대는 내 눈을 통해 바라보지도 않을 것이고, 내게서 사물들을 받아들이게 되지도 않을 것이고,
그대는 온 사방에 귀를 기울이고 그대 자신으로부터 그것들을 걸러내게 될 것이다. (「나 자신의 노래」, 30-37행)

그 효과는 힘을 모아 정점에 이르렀다가 잦아드는 파도의 그것과 유사한 어떤 것이다. 분명히 운율 분석이나 연 분석의 어떤 규칙들도 자유시에는 적용되지 않을 것이다. 우리는 어떻게 각 사례의 고도로 개성적인 율격 효과들이 시 전체에 이바지하는지를 알아내기 위해 각 사례를 그 자체의 관점에서 다루지 않으면 안된다.

3 형식과 의미

　이같은 관찰은 시 형식에 관한 우리의 논의의 가장 중요한 국면으로 우리를 데려간다. 율격과 율격이 리듬과 맺는 관계, 압운 형식과 음가(音價), 연 형식과 조직화의 전략 등에 대한 이해는 시를 충분히 파악하고 감상하는 데 필수적이지만, 시 형식의 총체적 효과를 우리가 실감하기 위한 예비 단계에 불과하다. 때로 우리는 한두 가지 기교가 어떤 정해진 효과를 가질 수 있다고 암시해 왔다. 그러나 실제로 어떤 방책의 효과는 오로지 그 총체적 배경에서만 판단될 수 있고, 그 경우 결과는 그 상례적 효과와는 약간 다를 수도 또 전혀 다를 수도 있다. 효과를 판단하는 실제 작업은 주관적이거나 막연하게 인상주의적인 것처럼 보일 수 있다. 실제로 그 작업은 우리가 지금까지 기술해 온 기법들에 대한 견실한 지식에 토대를 두고 있지만, 또한 감수성과 상상력을 통해 이 지식을 적용시킴으로써 진행되어 간다.

　몇 가지 사례들은 어떻게 우리가 기술적 분석에서 효과들에 대한 판단으로 나아갈 수 있는지를 암시해 줄 것이다. 앨릭잰더 포우프는 오늘날 운문 기법들을 솜씨 있게 조작하는 대가들 중의 한 사람이라고 널리 인정되고 있다. 그 이상으로 그는 시 논평자들에게는 무척 유용한 존재가 되어 왔는데, 왜냐하면 그의 『비평론』(*An Essay on Criticism*)은 한 시인이 음을 의미에 조화시킬 수 있는 몇몇 방식들을 진술할 뿐만 아니라 교묘하게 예시해 주고 있기 때문이다. 널리 알려진 한 구절에서 포우프는 여러 부류의 부적격 비평가들뿐만 아니라 그들이 찬양하는 시도 공격하면서, "종종 개모음(開母音)은 귀를 피곤하게 만드는데도(Though oft the ear the open vowels tire)"(345행)나 "무미한 한 행에 저조(低調)한 열 개의 단어가 끼어든다(And ten low words oft creep in one dull line)"(347행) 등과 같은 행들에서 저급한 운문을 모방한다. 그리고는 "음은 의미에 대한 메아리 같아야 한다(The sound must seem an echo to the sense)"(365행)라고 우리에게 말한 후 다음과 같은 주목할 만한 행들을 내놓는다.

> Soft is the strain when Zephyr gently blows,
> And the smooth stream in smoother numbers flows;
> But when loud surges lash the sounding shore,
> The hoarse, rough verse should like the torrent roar.
> When Ajax strives some rock's vast weight to throw,
> The line too labours, and the words move slow;
> Not so when swift Camilla scours the plain,
> Flies o'er th' unbending corn, and skims along the main. (ll. 366-73)

> 서풍이 온화하게 불 때 가락은 부드럽고,
> 매끄러운 개울은 한층 더 매끄러운 박자로 흐른다.
> 하지만 요란한 큰파도가 울리는 해변을 채찍질할 때는
> 귀에 거슬리는 거친 운문이 급류처럼 고함쳐야 한다.
> 아이아스가 엄청나게 무거운 바위를 던지려고 안간힘 쓸 때,
> 그 행도 애쓰고, 단어들은 천천히 움직인다.
> 날랜 카밀라가 평원을 질주하고, 보리밭 위를
> 이삭 하나 꺾지 않고 날아가고, 바다 위를 스치듯 날아갈 때는 그렇지 않다.
> (366-73행)

어떻게 포우프는 운문 기법과 의미가 이처럼 교묘하게 부합되도록 할 수 있었을까? 먼저 그가 닫힌 2행 연구의 한계 내에서 놀라운 다양성을 이루어냈음을 유의하라. 모든 행들은 행말 종지 시행들이고, 각 2행 연구는 완전 종지나 거의 그에 유사한 것을 나타내는 구두점으로 끝맺는다. 분명히

다양성은 본질적으로 획일적인 2행 연구들 내에서 작용하는 기법들에 의해 만들어지고 있다.

(실제로 이 구절 전체에 걸쳐서도 그렇지만) 첫 2행에서 우리는 두운이 상당히 빈번히 사용되고 있다는 사실에 놀라게 된다. 즉, s음은 "soft," "is," "strain," "blows," "smooth," "stream," "smoother," "numbers," "flows" 등에서 나타난다. 게다가 "Zephyr"의 z음과 "gently"의 g음조차 s음과 무척 밀접하게 관련되어 s음을 강화시킨다. 두운의 이 연쇄는 n과 m음을 활용하는 두 번째 연쇄 — "strain," "when," "gently," "and," "smooth," "stream," "smoother," "numbers" — 와 맞물린다. "Soft[부드러운]"와 "smooth[매끄러운]"는 이 음들을 정당하게 특징짓는 용어들이다.

우리는 또 어떻게 강세의 배분이 두운에 의해 생성된 효과에 이바지하는지를 알기 위해 이 행들의 율격을 조사할 수 있다.

    Sóft ĭs | thĕ stráin | whĕn Zéph | y̆r gént | ly̆ blóws,
    Ănd thĕ | smóoth stréam | ĭn smóoth | ĕr núm | bĕrs flóws; . . .

첫 행에서 서두의 약강격 대신 강약격이 사용되고 있다. 제2행에서 강세는 그 정상 위치인 두 번째 음절에서 세 번째 음절로 옮겨져 있다. 이 두 변종 모두 행의 앞부분에서 강세 없는 두 개의 음절을 함께 묶어주면서 가볍게 건너뛰는 걸음걸이의 효과를 빚어낸다. 그런 후 두 행 모두 두운 연쇄들의 매끄러운 효과와 조화를 이루면서 매끄럽게 규칙적이다. 우리의 분석이 두 행의 가능성들을 고갈시키는 것은 아니고, 현재 활용되고 있는 기교들 중의 몇 가지를 암시한다.

두 번째 2행 연구는 전이어인 "but"이 나타내듯이 첫 번째 2행 연구와 날카롭게 대조된다. 만일 우리가 다시 두운을 살펴본다면, 또다시 상당히 많은 s음—"surges," "sounding," "hoarse," "verse"—이 발견된다. 이것은 어찌 된 일일까? 동일한 음이 한 행에서는 부드럽고 매끄러운 효과를 낳고, 다음 행에서는 귀에 거슬리는 치찰음들을 만들어낼 수 있을까? 글쎄, 그 음과 연관된 다른 기교들, 그리고 단어의 의미들—외연들과 함의들—에 따라 그럴 수 있을 것이다. 이번에는 하나의 두운 연쇄가 sh음을 활용한다 —"la*sh*," "*sh*ore," "*sh*ould." 이 단어들은 귀에 거슬리는 음을 낳는다. 그러나 이 주장은 실제로는 공정하다고 할 수 없는데, 왜냐하면 다른 상황에서 우리 자신이 sh음이 소리와 숨을 죽인 효과를 낳는다고 주장한 바 있기 때문이다. 더욱이 "*l*oud," "*l*ash," "*l*ike"의 l음은 본래 거친 음이 아니다. 두운 연쇄들에 포함되지 않은 주변 음들을 보면, 두 번째 2행 연구는 첫 번째 2행 연구보다 아주 조금 더 귀에 거슬릴 뿐이다. 여기에서 두 가지 결론을 내릴 수 있다. 첫째, 음질(音質)에 있어서의 작은 차이가 매우 중요할 수 있다. 둘째, 거듭 말하거니와, 음의 정서적 특질에 대한 우리의 인식은 그 음을 담고 있는 단어의 의미에 의해 조건지어진다는 것이다.

두 번째 2행 연구에서의 강세의 배분 또한 그 행들의 보다 거친 효과에 이바지할 수 있다.

> Bŭt whén | lóud súr | gĕs lásh | thĕ sóund | ĭng shóre,
> Thĕ hóarse, | róugh vérse | shŏuld líke | thĕ tór | rĕnt róar.

여기에서 우리는 첫 행에서 여섯 개의 강세를 표시했다. 일반적으로 각 행의 세 번째 음절은 강세를 받지 않을 것이지만, 단어들의 자연스러운 리듬은 실제로 우리로 하여금 이 음절들을 강세 없는 것으로 읽도록 허용하지 않을 것이다. 물론 이 자연스러운 리듬은 단어들의 의미의 산물이다.

세 번째 2행 연구는 또다른 종류의 특색을 보여준다. 다시 우리는 수많은 s음이 첫 번째 행의 전반부에 쌓이는 것을 보게 되지만, 이번에는 그 음들 자체에 있어서의 어떤 내재적인 모방적 특질보다는 s음들이 발음하기 어렵게 배열되어 있다는 사실에 놀라게 된다. "Ajax"의 끝에서의 s음의 바로 뒤에 "strives"의 첫머리의 s음이 나온다. 또다시 "strives"와 "some"의 연접(連接)은 동일한 장애물을 내놓고, 행의 후반부에서의 "weight"와 "to"의 병치는 이 효과를 위해 t음을 사용한다. 실제로 우리가 검토하고 있는 네 개의 2행 연구들 전체에 걸쳐 행들의 템포, 매끄러움, 정서적 특질은 모두 음들과 강세들의 조합들을 발음하는 일의 난이도에 의해 영향을 받는다. 이 세 번째 2행 연구의 첫 행에서 포우프는 상례적인 율격 효과를 활용하지만, 제2행은 약강격을 그 극한까지 잡아 늘인다.

    Thĕ líne | tóo lá | bŏurs, ănd | thĕ wórds | móve slów; . . . .

여기에 수반된 추가적 특질은 음절 무게이다. 몇몇 음절들은 다른 음절들보다 단순히 부피가 더 크다. 그것들은 신속하게 또는 경쾌하게 발음될 수 없다. 여기에서 포우프는 세 개의 무거운 음절들 – "And ten low words oft creep in one dull line"을 상기시키는 한 연쇄에서 실질적으로 동등한 강세를 갖는 "words," "move," "slow" – 을 쌓아 올리고 있다.

확실히 포우프의 구절의 마지막 2행 연구는 신속하게 움직인다. 첫 행의 율격은 완벽하게 규칙적이고, 음절들은 가벼우며, 발음하기 어려운 음들의 조합들은 없다. 그렇지만 마지막 행은 율격적으로 이례적이다. 그것은 알렉산더 행인데, 왜냐하면 약강 5보격 행에서 상례적으로 사용되는 10음절과는 대조적으로 12음절을 담고 있기 때문이다. ("th'"와 "un-"의 융합은 하나의 음절인 "th'un"을 낳는다.) 몇 행 앞에서 포우프는 서투른 시인들이 절뚝거리는 알렉산더 행을 던져 넣음으로써 자신들의 운문을 망친다고 비난한 바 있고, 실제로 매우 느린 행을 내놓음으로써 자신의 주장을 입증하고 있다.

> A needless Alexandrine ends the song
> That, like a wounded snake, drags its slow length along. (ll. 356-57)

> 불필요한 알렉산더 행으로 노래를 끝맺는데,
> 이것은 상처 입은 뱀처럼 느릿하게 그 긴 몸을 끌고 간다. (356-57행)

알렉산더 행에서 상례적으로 나타나는 묵중한 느릿함과 이 상황에서의 그것의 신속함간의 외견상의 괴리에 대한 해결책은 포우프가 두 행에서 활용하고 있는 특질들의 다른 조합에 있다. 그래서 우리는 따로 떼어 살펴본 운문의 어떤 한 측면의 효과에 관한 일반론을 내놓을 때는 무척 조심해야 하고, 함께 작용하는 시의 모든 측면들을 검토해야 한다.

지금까지 우리는 몇 행들에 대한 길고 상세한 분석을 제시해 왔다. 우리는 이런 식으로 모든 시편을 앞에 놓고 꾸물거리기를 원치는 않을 테지만, 어려운 율격적 분석 없이 상당히 쉽게 시를 파악하는 능력은 분석 기술을 습득코자 하는 참을성 있는 훈련 과정에 의해 발전된 솜씨이다.

그렇지만 마지막으로 덧붙이자면, 가장 중요한 점은 바로 이것이다 ― 시 형식에 대한 분석 그 자체가 목표는 아니라는 점이다. 한 연이 $a\ b\ b\ a$로 압운하는 약강 4보격 4행연이라는 것, 또는 시인이 특정한 음들의 두운을 사용했다는 것, 아니면 시인이 이런저런 비유적 언어를 사용했다는 것을 결정하는 일은, 만일 우리가 이같은 별개의 관찰들을 그 시에 대한 모종의 포괄적인 설명으로 조립해내지 못한다면, 그 자체로서 큰 가치가 있는 것은 아니다. 별개의 관찰들을 포괄적인 설명으로 조립해내기 위해서 우리는 시의 내용의 어떤 측면들을 고려하지 않으면 안 된다.

제4장

시의 내용

1 서사

 이 책의 앞부분에서 우리는 시가 대체로 시에서의 주요 관심사일 수 있거나 하나의 정서나 관념이나 인물 묘사를 다루는 일에 종속적일 수 있는 하나의 서사적(敍事的) 요소를 갖는다고 말한 바 있다. 오직 두 가지 문제 —그 중 어느 것도 매우 어려운 것은 아닌—만이 여기에서 대두된다. 첫 번째는 그저 스토리를 밝혀내는 문제이다. 많은 서사적 시편들에서 우리는 전혀 어려움을 겪지 않을 것이다. 스토리는 가능한 한 상황을 정말 명료하게 밝혀주기 위한 설명적 진술들을 한껏 진열해 놓은 채 단도직입적인 방식으로 이야기될 것인데, 이를테면 많은 밸러드(ballad)들, 스콧(Sir Walter Scott, 1771-1832)의 「호반의 숙녀」("The Lady of the Lake") 같은 긴 서사들, 롱펠로우(Henry Wadsworth Longfellow, 1807-1882)의 「마일즈 스탠디쉬의 구혼」("The Courtship of Miles Standish"), 테니슨(Alfred, Lord Tennyon, 1809-1892)의 『왕의 목가』(*Idylls of the King*), 제퍼스(Robinson Jeffers, 1887-1962)의 「밤색 종마(種馬)」("The Roan Stallion"), 그리고 실제로 대부분의 다른 서사적 시편들이 바로 여기에 해당된다. 일반적으로, 만일 서사가 즉각적으로 명료하지 않다면, 우리는 모호성의 효과를 결정하기 위해 그 성격과 원천을 조사해야 한다. 물론 우리가 정말로 밝혀내고자 애쓰는 바는 시인이 다소간 자신의 스토리를 베일로 가린 이유이다. 우리는 (설령 그럴 수 있다해도) 시인의 의도에 관해 그를 면담할 수도 없고 또 그가 완벽한 답변을 해줄 것으로 기대할 수도 없지만, 그가 행한 바의 효과를 결정할 수는 있다. 스토리가 극화에 의해 더 생생해지고 또 대화만으로 구성될 수도 있다. 그런 상황에서 독자는 그 시의 배경을 창조하는 일에 있어서 능동적인 참여자가 된다. 때로 독자의 상상은 정확한 세부에 의해서가 아니라 구체화되지 않은 기쁨이나 공포에 의해 자극된다. 폭약이 좁은 공간에 밀집되어 있다가 폭발할 때 더 큰 피해를 가져오는 것과 똑같이, 시인이 자신의 스토리를 우회적인 방식으로 이야기함으로써 그 시의 의미가 독자에게는 오히려 더 강력하게 전달되는 경우가 가끔 있다. 다음에 나오는 에드윈 알링턴 로빈슨(Edwin Arlington Robinson, 1869-1935)의 소네트를 읽고, 다음 질문들에 대한 답변을 생각해봄으로써 실제 일어난 바를 재구성해 보라. 왜 시 전체가 인용 부호로 묶여 있는가? 이 시의 극적 상황은 어떤 것인가? 얼마나 정확하게 화자는 제3행에서 자신을 묘사하는가? 왜 그는 제1행에서 애넌데일을 "그것(it)"으로 지칭하는가? 화자가 제13행에서 "보잘것없는 의료 기구 하나(a slight kind of engine)"라는 어구로 의미하는 바는 무엇인가? 그가 "보이시나요? 이런 모습요 . . .(Do you see?/ Like this . . .)"라고 말할 때 무엇을 하는 중인가? 제목이 의미하는 바는 무엇인가?

*How Annandale Went Out

"They called it Annandale—and I was there
To flourish, to find words, and to attend:
Liar, physician, hypocrite, and friend,
I watched him; and the sight was not so fair
As one or two that I have seen elsewhere: 5
An apparatus not for me to mend—
A wreck, with hell between him and the end,
Remained of Annandale; and I was there.

"I knew the ruin as I knew the man;
So put the two together, if you can,   10
Remembering the worst you know of me.
Now view yourself as I was, on the spot—
With a slight kind of engine.1) Do you see?
Like this . . . You wouldn't hang me? I thought not."

어떻게 애넌데일이 죽었는가

"사람들은 그것을 애넌데일이라고 불렀지요—그리고 전 그곳에 있었습니다
꾸며주고 할 말을 찾고 진료하기 위해서지요.
거짓말쟁이, 내과의사, 위선자, 그리고 친구로서
전 그를 지켜보았지요. 그런데 그 광경은 제가 다른 곳에서 보아온
한 두 광경처럼 그리 보기 좋은 것은 아니었습니다.   5
저로서는 고칠 수 없는 기계였지요—
자신과 종말 사이에 지옥을 둔 한 난파선,

---

1) [역주] 애넌데일을 안락사 시키는 데 사용한 피하(皮下) 주사기.

바로 당시의 애넌데일의 모습이었지요. 그리고 전 그곳에 있었습니다.

"제가 그 사람을 알고 있는 것처럼 그 폐허도 알고 있었지요.
그러니 여러분이 저에 관해 알고 있는 최악의 것을 기억하면서   10
할 수 있다면 그 둘을 짜맞춰 보십시오.
이제 제가 처해 있던 상황을 여러분이 직접 상상해 보십시오, 현장 상황을요—
보잘것없는 의료 기구 하나를 든 제 모습을요. 보이시나요?
이런 모습요 . . . 여러분은 절 교수형에 처하시진 않겠지요? 아닐 거라고 믿었
습니다."

여러분이 이 시에 담긴 스토리를 만족스럽게 재구성했다고 느낄 때, 이 베일로 가린 제시 방식의 효과를 고려해 보라. 만일 로빈슨이 즉각적으로 명확하고 단도직입적인 방식으로 그 스토리를 이야기했다면, 이 시가 그만큼 효과적이었을까? 물론 이런 류의 간접적인 서술 방식은 드물고, 우리는 '숨겨진 의미들'을 찾느라고 일부러 골치를 썩을 필요는 없다. 일반적으로 시인들은 자신들의 의미를 명료하게 하고자 애쓰고, 우리는 짧은 작품에서 너무 많은 의미를 찾아내야 할 때만 어려움을 겪는다.

두 번째 문제는 서사가 중심적인지 아니면 다른 문제에 종속적인 것에 불과한지의 여부를 알아내는 것이다. 이 절의 서두에서 언급된 시편들은, 우리가 행위에 부여된 중요성 그 자체만으로 추론해 보건대, 흥미진진하거나 감동적인 스토리를 이야기하는 데 주로 관심이 있는 것처럼 보인다. 그렇지만 로버트 브라우닝(Robert Browning, 1812-1889)의 극적 독백들(dramatic monologues)이나 프로스트(Robert Frost, 1874-1963)의 「고용인의 죽음」("The Death of the Hired Man") 같은 서사들이 그러하듯, 어떤 서사들은 주로 인물을 드러내는 수단으로서 행위와 말을 사용한다. 다른 시

편들은 관념들을 극화하기 위해 서사를 사용한다. [셸리(Percy Bysshe Shelley, 1792-1822)의] 「오지만디아스」("Ozymandias")는 간략한 사례이다. 보다 충분히 공들여 다듬어진 사례는 로빈슨의 「하늘을 등진 남자」("The Man against the Sky")이다. 자전적인 시편들은 시인이라는 천직(天職)의 성장과 성격을 다룰 수 있다. 워즈워스(William Wordsworth, 1770-1850)의 『서곡(序曲)』(The Prelude)과 휘트먼(Walt Whitman, 1819-1892)의 「끝없이 흔들리는 요람 밖으로」("Out of the Cradle Endlessly Rocking")처럼 그렇게나 다른 두 시편들은 이같은 목표를 위해 서사를 사용한다. 『베오울프』(Beowulf)와 [밀턴(John Milton, 1608-1674)의] 『실낙원』(Paradise Lost) 같은 서사시들은 서사적 수단에 의해 한 민족의 기원과 이상 또는 하느님의 섭리의 옹호 같은 커다란 주제들을 다룬다. 마지막으로, 거의 모든 서정시들은 시인의 정서를 촉발시킬 계기나 그 정서를 표현할 수단을 제공하기 위해 아무리 단순하더라도 하나의 사건을 활용한다. 만일 서사와 다른 요소들의 상대적 중요성을 결정해야 할 어떤 필요성이 있다면, 이미 잘 확립된 어떤 판단 기준들이 적용될 수 있다. 시에서 스토리가 어느 만큼의 공간을 차지하고 있는가? 생생한 단어 구사, 강조 어법, 또는 클라이맥스의 배치 등 강조를 위한 어떤 기교들이 명상이나 인물 묘사에 할애되는 것에 비해 스토리에는 어느 정도 할애되고 있는가? 실제로 우리는 어떤 시의 주요 가중치가 어디에 놓이는지를 판단하려고 애쓸 뿐인데, 왜냐하면 서사와 정서와 관념은 내내 상부상조하고 있을 가능성이 높고 또 사실상 분리 불가능한 것이기 때문이다. 시는 종종 운문으로 씌어진 철학적 논문이 아니고, 적어도 어떤 의미에서는 시가 전달하는 관념들은 제시된 경험의 맥락에서만 실감될 수 있는 것이다.

2 정서

문학을 비문학적인 글들로부터 구별시켜 주는 특징들 중의 하나는 하나의 경험에 수반되는 정서를 전달하는 데 대한 그것의 관심이고, 모든 문학 형식들 중에서 시는 가장 솜씨 있게 정서를 다룬다. 정서를 표현하는 일에 일차적으로 관심을 갖는 시의 대다수는 서정시(抒情詩, *lyric poetry*)로 불린다. 정서는 여러 가지 방식으로 전달될 수 있다. 시어의 함의들, 경쾌하게 움직이거나 질질 끌리는 리듬들, 이미지들을 둘러싼 연상들, 서술된 사건들의 의미 — 이 모든 요소들은 서로 협조하여 정서를 확립한다. 따라서 독자의 경험·학식·감수성은 모두 한 편의 시의 정서적 특질을 탐지하는 데 유용한 필수적 요인들이다. 물론 때로 어떤 시인은 자신의 정서를 명명함으로써, 즉 자신이 그 정서를 경험하고 있다고 말함으로써 자신의 정서를 선언하기도 할 것이다. 셸리의 「인도풍(風) 세레나데」("The Indian Serenade")는 널리 알려진 사례이다.

*The Indian Serenade

I arise from dreams of thee
In the first sweet sleep of night,
When the winds are breathing low,
And the stars are shining bright:
I arise from dreams of thee,   5
And a spirit in my feet
Hath led me — who knows how?
To thy chamber window, Sweet!

The wandering airs they faint
On the dark, the silent stream —   10
The Champak odours fail
Like sweet thoughts in a dream;
The nightingale's complaint,
It dies upon her heart; —
As I must on thine,   15
Oh, beloved as thou art!

Oh lift me from the grass!
I die! I faint! I fail!
Let thy love in kisses rain
On my lips and eyelids pale.   20
My cheek is cold and white, alas!
My heart beats loud and fast; —
Oh! press it to thine own again,
Where it will break at last.

　　　　인도풍 세레나데[2]

　　　밤의 달콤한 첫잠에서

---

2) [역주] 이 책의 저자들은 그 동안의 일반적 관례를 따라 이 시를 시인이 자신의 정서를 직설적으로 토로하고 있는 시로 간주하고 있지만, 1962년에 새로 발견된 셸리의 정서본(淨書本, fair copy)에는 이 시의 제목이 「인도 처녀의 노래」("The Indian Girl's Song")로 나와 있고, 따라서 근래에는 이 시는 시인 자신의 사적인 발언이 아니라 가상의 인물인 한 동인도 처녀가 화자로 등장하는 극적 서정시로 간주되고 있다. 그러나 이 역서에서는 이 책에서의 저자들의 논지를 따라 이 시를 시인이 자신의 정서를 직설적으로 토로하고 있는 시로 번역하지 않을 수 없었다는 점을 밝힌다. 자구 및 구두점 표기에 있어서 이전 판본과 약간 차이가 있는 새 텍스트는 M. H. Abrams et al. (eds.), *The Norton Anthology of English Literature*, 7th edition (New York: Norton, 2000), 2: 729-30에 수록되어 있다.

나는 그대를 꿈꾸다 일어난다,
바람은 나지막이 살랑거리고
별들은 환하게 빛을 발할 때.
나는 그대를 꿈꾸다 일어나고,					5
내 발에 들어 있는 한 정령이
나를 인도해 주었다-어찌된 영문인지 누가 알까?
그대 방 창가로, 님이여!

떠도는 선율은 어렴풋해진다
어둡고 고요한 개울 위에서-				10
황목련(黃木蓮) 향기가 잦아든다
꿈속의 달콤한 생각들처럼.
나이팅게일의 하소연도
제 가슴 위에서 죽어간다-
내가 그대 가슴 위에서 그래야만 하듯,			15
오, 비록 그대 사랑스럽긴 해도!

오 나를 풀밭에서 일으켜 주오!
나는 죽는다! 나는 기절한다! 나는 기운이 없어진다!
그대 사랑을 키스로 비내려 주오
내 입술과 창백한 눈시울에.				20
내 뺨은 싸늘하고 파리하다, 슬프게도!
내 가슴은 요란하게 급히 뛴다-
오! 내 가슴을 그대 가슴에 다시 껴안아 주오,
마침내 그곳에서 터져버릴 테니까.

「인도풍 세레나데」의 효율성을 판단함에 있어서 우리는 그 이미저리와 서사가 시인이 선포한 정서를 독자에게 불러일으키기에 적합한 부류인지 또

적합한 강렬성을 지닌 것인지의 여부를 결정해야 한다. 현대 비평가들은 정서를 전달하는 이런 방법의 효력을 불신하는 경향이 있고, 실제로 탁월한 시인일 뿐만 아니라 근래의 가장 영향력 있는 비평가들 중의 한 사람인 T. S. 엘리엇(Eliot, 1888-1965)은 예술은 그가 "객관적 상관물(相關物) objective correlative)"이라고 부르는 바—그 특정한 정서의 "공식(formula)"이 될, 그리고 독자에게 제시될 경우 그 정서를 불러일으키는 하나의 감각 인상을 낳게 될 하나의 물상, 하나의 행위, 하나의 상황—를 제시함으로써만 정서를 전달할 수 있다고 주장한 바 있다. 이 관념은 특정한 물상들과 상황들에 대한, 널리 또는 보편적으로 공유된 반응을 함축한다. 아마 시인에게 특정한 정서를 불러일으킨 어떤 것은 독자에게도 그 정서를 불러일으키는 것으로 여겨질 수 있다. 만일 우리가 시의 형식적 측면들—이를테면, 음가(音價), 어법, 구조 등—이 객관적 상관물에 포함될 수 있다는 것을 이해한다면, 그러한 개념이 도움이 될 것이다. 다음에 나오는 워즈워스의 소네트는 묘사될 장면이 "감동적인 장엄한 광경(A sight . . . touching in its majesty)"이라고 직접 말함으로써 정서를 선언하면서 시작된다. 뒤따라 나오는 이미저리는 그 주장을 충분히 정당화하고, 설명적인 서두 없이도 실제로 독자적으로 존재할 수 있다.

**Composed upon Westminster Bridge,*
September 3, 1802

Earth has not any thing to show more fair:
Dull would he be of soul who could pass by
A sight so touching in its majesty:
This City now doth, like a garment, wear

The beauty of the morning; silent, bare,　　　　　5
Ships, towers, domes, theatres, and temples lie
Open unto the fields, and to the sky;
All bright and glittering in the smokeless air.
Never did sun more beautifully steep
In his first splendour, valley, rock, or hill;　　　　10
Ne'er saw I, never felt, a calm so deep!
The river glideth at his own sweet will:
Dear God! the very houses seem asleep;
And all that mighty heart is lying still!

웨스트민스터 교(橋)에서
1802년 9월 3일

이보다 더 아름다운 광경은 대지에 없다.
이처럼 감동적인 장엄한 광경을
그냥 지나칠 수 있는 이는 영혼이 둔한 사람이리.
이 도시는 지금, 옷마냥, 아침의
아름다움을 걸치고 있다. 고요히, 벗은 채,　　　　5
배, 탑, 돔, 극장, 그리고 교회들이
들판을 향해, 하늘을 향해 누워 있다,
연기 없는 대기 속에 모두 환하게 반짝이며.
태양이 이보다 더 아름답게
골짜기, 바위, 또는 언덕을 그 첫 광채 속에 흠뻑 담근 적 없고,　　10
이처럼 깊은 고요를 난 본 적도 느낀 적도 없다!
템즈 강은 그 고운 마음 내키는 대로 미끄러지듯 흐르고,
아! 집들마저 잠든 것 같고,
저 힘찬 심장이 조용히 누워 있구나!

정서의 한 특별한 측면은 하나의 문학 작품의 어조(語調, *tone*)인데, 이것은 그 문학 작품에서 드러나는, 자신의 제재에 대한 저자의 태도로 정의될 수 있다. 일반적으로 독자는 해당 시의 어법, 음향 효과들, 비유들, 관념들로부터 어조를 추론해야 할 것이다. 가볍고 딸랑거리는 리듬은 하나의 태도를, 그리고 낭랑하고 당당한 박자는 또다른 태도를 함축한다. 찬양조의 수식어들은 아마 저자의 존경심을 암시할 것이고, 반면에 기괴한 명칭들이나 비교들은 한 인물에 대한 그의 경멸을 보여줄 수 있다. 「성(聖)목요일」("Holy Thursday")에서 윌리엄 블레이크(William Blake, 1757-1827)는 사회적 불의에 대한 자신의 분노를 명확히 하기 위해 일련의 수사학적 질문들(rhetorical questions)을 사용한다.

*Holy Thursday

Is this a holy thing to see,
In a rich and fruitful land,
Babes reduced to misery,
Fed with cold and usurous hand?

Is that trembling cry a song?   5
Can it be a song of joy?
And so many children poor?
It is a land of poverty!

And their sun does never shine,
And their fields are bleak & bare,   10
And their ways are fill'd with thorns;

It is eternal winter there.

For where-e'er the sun does shine,
And where-e'er the rain does fall,
Babe can never hunger there,   15
Nor poverty the mind appall.

　　　　성(聖)목요일

이것이 성스러운 일인가,
풍요롭고 비옥한 땅에서
비참한 신세로 전락하여
차갑고 인색한 손으로 키워지는 젖먹이들을 보는 것이?

저 떨리는 외침이 노래인가?   5
그것이 기쁨의 노래일 수 있는가?
그토록 많은 어린이들이 가난한데도?
그곳은 실로 가난의 땅이구나!

그리고 그들의 태양은 결코 빛나지 않고,
그리고 그들의 들판은 헐벗어 황량하고,   10
그리고 그들의 길은 온통 가시밭길.
그곳엔 영원한 겨울뿐이다.

태양이 빛나는 곳은 어디이건,
그리고 비가 내리는 곳은 어디이건,
그곳에선 젖먹이가 배곯는 일 결코 있을 수 없고,   15
가난이 마음을 겁주는 일도 없을 테니까.

여기에서 두 가지 함정을 피할 필요가 있다. 첫째, 우리는 하나의 태도가 시인에게 귀속되어야 하는지 아니면 한 등장인물에게 귀속되어야 하는지를 확신하고 있어야 한다. 브라우닝의 극적 독백에서 가공의 화자의 견해는 종종 명백하게 표현되거나 상당히 명확하게 함축되어 있다. 시인의 태도는 서서히 드러나는 화자의 초상으로부터 연역되어져야 한다.

My Last Duchess

FERRARA

That's my last Duchess painted on the wall,
Looking as if she were alive. I call
That piece a wonder, now: Frà Pandolf's hands
Worked busily a day, and there she stands.
Will 't please you sit and look at her? I said   5
"Frà Pandolf" by design, for never read
Strangers like you that pictured countenance,
The depth and passion of its earnest glance,
But to myself they turned (since none puts by
The curtain I have drawn for you, but I)   10
And seemed as they would ask me, if they durst,
How such a glance came there; so, not the first
Are you to turn and ask thus. Sir, 'twas not
Her husband's presence only, called that spot
Of joy into the Duchess' cheek: perhaps   15
Frà Pandolf chanced to say "Her mantle laps
Over my lady's wrist too much," or "Paint
Must never hope to reproduce the faint

Half-flush that dies along her throat": such stuff
Was courtesy, she thought, and cause enough 20
For calling up that spot of joy. She had
A heart—how shall I say?—too soon made glad,
Too easily impressed; she liked whate'er
She looked on, and her looks went everywhere.
Sir, 'twas all one! My favor at her breast, 25
The dropping of the daylight in the West,
The bough of cherries some officious fool
Broke in the orchard for her, the white mule
She rode with round the terrace—all and each
Would draw from her alike the approving speech, 30
Or blush, at least. She thanked men—good! but thanked
Somehow—I know not how—as if she ranked
My gift of a nine-hundred-years-old name
With anybody's gift. Who'd stoop to blame
This sort of trifling? Even had you skill 35
In speech—(which I have not)—to make your will
Quite clear to such an one, and say, "Just this
Or that in you disgusts me; here you miss,
Or there exceed the mark"—and if she let
Herself be lessoned so, nor plainly set 40
Her wits to yours, forsooth, and made excuse,
—E'en then would be some stooping; and I choose
Never to stoop. Oh sir, she smiled, no doubt,
Whene'er I passed her; but who passed without
Much the same smile? This grew; I gave commands; 45
Then all smiles stopped together. There she stands

As if alive. Will 't please you rise? We'll meet
The company below, then. I repeat,
The Count your master's known munificence
Is ample warrant that no just pretense   50
Of mine for dowry will be disallowed;
Though his fair daughter's self, as I avowed
At starting, is my object. Nay, we'll go
Together down, sir. Notice Neptune, though,
Taming a sea horse, thought a rarity,   55
Which Claus of Innsbruck cast in bronze for me!

내 전 공작 부인
페라라 공작

저 벽의 초상화는 내 전처(前妻)인데,
마치 살아 있는 듯이 보이지요. 지금 보니
저 작품은 아주 걸작이오. 판돌프 수사(修士)의 손이
어느 날 부산하게 움직이더니, 저기 전처가 서 있게 된 거요.
앉아서 그녀를 보시겠소? 일부러 나는   5
'판돌프 수사'라고 했소. 왜냐하면
선생 같은 손님들은 저 그림 속의 얼굴,
그 진지한 시선의 깊이와 열정을 알게 되면, 반드시
내게 몸을 돌리고는(왜냐하면 나 말고는 아무도
내가 선생을 위해 쳐둔 커튼을 따로 치우지 못하니까),   10
감히 그럴 용기가 있다면 내게 물어보고 싶어하는 것 같더군요―
어떻게 그런 시선이 생겨나게 되었는가를. 그러니 이렇게
몸을 돌려 묻는 이가 선생이 처음은 아니오. 선생,
공작 부인의 볼에 기쁨의 홍조(紅潮)를 불러낸 것은

남편의 존재만은 아니었소. 아마 어쩌다가 15
판돌프 수사가 "어부인(御夫人)께서 걸치신 망토가
팔목을 너무 많이 덮고 있습니다"라고 말하거나, "그림으로는
어부인의 목을 따라 사라져 가는 어렴풋한 홍조를
되살릴 엄두도 못내겠습니다"라고 말하기도 했을 거요. 이런 헛소리를
그녀는 인사이며 저 기쁨의 홍조를 불러올 20
충분한 이유라고 생각했던 거요. 그녀는
뭐랄까, 너무 빨리 기뻐하고
너무 쉽게 감명을 받는 마음의 소유자였소. 그녀는 보이는 건
무엇이나 좋아했고, 눈길이 가지 않는 데가 없었소.
선생, 모두 똑같았던 거요! 내 호의 어린 선물인 가슴 장식, 25
서편으로 떨어지는 저녁 햇살,
어떤 주제넘은 바보녀석이 과수원에서 꺾어다 바친
버찌 달린 가지, 그녀가 타고 테라스 주위를
돌아다니던 흰 노새―이 모두가 하나같이
그녀에게서 찬사를 끌어내거나 적어도 얼굴을 붉히게 30
만들곤 했소. 그녀는 남자들에게 감사를 표했소―그건 좋소!
하지만 어떻게든 감사를 표했소―어떻게 그랬는지는 모르겠지만―마치
900년의 명성을 지닌 내 선물을 아무 녀석의 선물과
동급으로 여기는 듯 말이오. 누가 구차스럽게 이런 사소한 일까지
나무라겠소? 설령 선생이 말재주가 있어― 35
(난 그런 재주가 없지만)―그런 사람에게 선생 의사를
아주 분명히 밝히면서, "바로 당신의 이런
저런 점이 정나미가 떨어지오. 이런 점은 모자라고,
저런 점은 지나치오"라고 말한다 한들―또 설령 그녀가
그런 훈계를 순순히 받아들이고, 정말이지, 선생과 맞서서 40
내놓고 따지려 들지 않고, 변명한다 한들
―그렇다해도 좀 구차스러운 일일 게요. 그래서 난 그런 구차스러운 일은

절대로 하지 않기로 한 거요. 오, 선생, 물론 그녀는 미소지었소,
내가 그녀 곁을 지나갈 때마다. 하지만 똑같은 미소 받지 않고서
지나간 사람이 누가 있겠소?. 이런 일이 점점 잦아졌소. 난 명령을 내렸소 45
그러자 모든 미소가 단번에 그쳤소. 저기 마치 살아 있는 듯이
그녀가 서 있소. 일어나시겠소? 이제
아래층의 손님들을 만나십시다. 거듭 말씀드리오만,
선생의 주군 되시는 백작의 후하시다고 소문난 인심은
결혼 지참금에 대한 내 정당한 요구가 50
거부되지 않을 거라는 충분한 보증이 된다오.
내가 허두에 언명했듯이, 그분의 아름다운 따님이
내 목적이긴 하오만. 아니, 우리 같이
아래로 내려갑시다, 선생. 그런데 주목해 주시오, 해마를 길들이고 있는
넵튠 상(像)을, 인스부르크의 클라우스가 날 위해 55
청동으로 만들어 준 저 일품(逸品)을!

둘째, 우리는 어조를 파악하는 열쇠로서의 아이러니(irony)에 유의해야 한다. 「최신판 십계명」("The Latest Decalogue")에 나타난 아서 휴 클러프 (Arthur Hugh Clough, 1819-1861)의 아이러니는 현대판 위선에 대한 비난의 어조를 전달한다.

*The Latest Decalogue

Thou shalt have one God only; who
Would be at the expense of two?
No graven images may be
Worshiped, except the currency.
Swear not at all; for, for thy curse 5

Thine enemy is none the worse.
At church on Sunday to attend
Will serve to keep the world thy friend.
Honor thy parents; that is, all
From whom advancement may befall.   10
Thou shalt not kill; but need'st not strive
Officiously to keep alive.
Do not adultery commit;
Advantage rarely comes of it.
Thou shalt not steal; an empty feat,   15
When it's so lucrative to cheat.
Bear not false witness; let the lie
Have time on its own wings to fly.
Thou shalt not covet, but tradition
Approves all forms of competition.3)   20

최신판 십계명

오직 하느님 한 분만 섬겨라. 누가

---

3) [역주] 다음에 나오는 21-24행은 클러프의 한 원고본에서 발견된 것으로서, 애초의 시집본들에는 포함되지 않은 것이다.

The sum of all is, thou shalt love,
If anybody, God above:
At any rate shall never labor
More than thyself to love thy neighbor.

이 모든 계명의 요지는 이렇다. 만일 누군가를 사랑해야 한다면,
하늘에 있는 하느님을 사랑하라.
아무튼 결코 너 자신보다
더 네 이웃을 사랑하려고 애쓰지는 말라.

일부러 두 분 몫의 비용을 부담하려 하겠는가?
어떤 우상도 섬기지 말라,
화폐를 제외하고는.
절대로 욕하지 말라, 네가 저주한다고 해서   5
네 원수의 처지가 더 나빠지는 건 아니니까.
일요일에 교회에 출석하는 것은
이 세상과 친구로 지내는 데 유익하리라.
네 부모를 공경하라. 이유인즉,
그들에게서 모든 가불금(假拂金)이 나올 지도 모르니까. 10
살인하지 말라. 하지만 살리려고
주제넘게 애쓸 필요는 없다.
간음하지 말라.
그것으로 이득 되는 일은 좀처럼 없으니까.
도둑질하지 말라. 사기치는 게   15
훨씬 더 수지맞는 일일 때는, 도둑질은 실속 없는 재주일 뿐이니.
거짓 증언하지 말라. 거짓말이
저절로 퍼져갈 시간을 주어라.
탐내지 말아라. 전통은
어떤 형태의 경쟁이건 다 찬성할 테니.   20

또다른 예를 들자면, 「오지만디아스」에서의 아이러니컬한 비문(碑文)은 소네트 전체의 어조를 확립한다. 즉, 그것은 자신의 제재에 대한 셸리의 태도를 우리에게 보여주는 것이다.

3 관념들

우리는 이미 시가 운문으로 씌어진 철학이 아니라고 말한 바 있고, 시가 그 총체성을 실감하기 위한 수단으로서만 해부되어야 하는 하나의 통합된 전체라고 거듭 주장하면서 한 편의 시의 관념이나 주제나 의미가 운율법이나 은유 등의 혼란스러운 문제가 완전히 발가벗겨진 후에야 더 잘 이해될 수 있는 분리 가능한 부분이 아니라는 점을 암시한 바 있다. 그렇지만 시의 관념들은 중요하고, 시인들은 관념들을 기억될 만하게 구체화하거나, (더 적절하게 표현하자면) 순전히 이성적인 어떤 과정도 제공해 줄 수 없는, 한 주제에 대한 풍요로운 감각적·정서적·지적인 실현을 제공한다.

⟨1⟩ 역사적 맥락

한 편의 시에 담긴 관념들의 패턴에 대한 한 중요한 단서는 그것의 창작 일시이다. 연속적인 역사적 시기들에서는 신념의 특정한 지배적 풍토가 우세하다. 사실상 우리는 부분적으로 역사적 시기들의 지배적 견해들을 확인함으로써 그 시기들을 규정할 수 있고, 그래서 '신앙의 시대(the Age of Faith)'나 '이성의 시대(the Age of Reason)', 또는 '회의주의의 시대(the Age of Skepticism)'에 관해 말할 수 있는 것이다. 분명히 모든 사람이 다 어떤 시기의 다수 견해를 받아들이지는 않을 테지만, 우리는 대체로 한 특정한 시편을 그것이 속한 시대의 지배적 견해들과 관련시킨다.

몇 가지 사례들은 이 문제를 명확히 하는 데 도움이 될 것이다. 잠시 동안 우리가 신성(神性)의 성격에 관해 집중적으로 살펴본다고 가정하자. 시인들은 모든 상상적 작가들과 마찬가지로 궁극적으로 인간 조건에 관심을 갖는다. 이 경우 우리가 알고 있는 바로서의 이 세계가 지력(知力)을 가진 어떤 힘에 의해 창조된 것인지, 아니면 일련의 독특한 우발적 사건들의 결과로 생겨난 것에 불과한 것인지의 여부는 그들에게는 무척 중요하다. 만일 이 세계가 지력을 가진 한 힘에 의해 창조된 것이라면, 이번에는 그 힘이 영원한, 아버지 같은 한 신인지 아니면 인간에게 무관심하고 어쩌면 더 이상 활동적이지 않은 한 엄청난 비인격적 힘인지의 여부가 큰 문제가 된다. 인류는 그 긴 역사에 걸쳐 이 문제들에 대한 놀라울 정도로 다양한 해결책들을 모색해 왔고, 시인들은 그 해결책들을 표현해 왔다.

18세기 후반에 발흥해서 19세기 초반에 꽃피웠던 낭만주의의 한 측면은, 워즈워스가 「틴턴 수도원」("Tintern Abbey")에서 암시하듯이, 만물 속에 침투된 한 정신으로서의 신성의 이미지였다.

>   And I have felt
> A presence that disturbs me with the joy
> Of elevated thoughts; a sense sublime
> Of something far more deeply interfused,
> Whose dwelling is the light of setting suns,
> And the round ocean and the living air,
> And the blue sky, and in the mind of man:
> A motion and a spirit, that impels
> All thinking things, all objects of all thought,
> And rolls through all things. (ll. 93-102)

>   그리고 나는 느꼈다
> 고양된 생각들의 기쁨으로 나를 동요시키는
> 한 존재를, 훨씬 더 깊이 침투된
> 어떤 것에 관한 숭고한 느낌을
> (그것의 거처는 석양빛,
> 둥근 대양과 살아 있는 대기,

푸른 하늘, 그리고 인간의 마음이다),
모든 사고하는 사물들, 모든 사고의 모든 대상들을
추진시키고, 만물 속을 구르는
운동과 정신을. (93-102행)

워즈워스의 살아 있는 우주와 대조를 이루는 것이 어떤 도덕적 인도도 제공하지 않는, 무의미한 죽은 우주에 대한 에드윈 알링턴 로빈슨의 묘사이다. 여기에서도 시인은 희망을 발견하지만, 그의 「신조(信條)」("Credo" ["I believe"])는 신앙, 즉 증거 없는 믿음의 한 서약이다.

*Credo

I cannot find my way: there is no star
In all the shrouded heavens anywhere;
And there is not a whisper in the air
Of any living voice but one so far
That I can hear it only as a bar   5
Of lost, imperial music, played when fair
And angel fingers wove, and unaware,
Dead leaves to garlands where no roses are.
No, there is not a glimmer, nor a call,
For one that welcomes, welcomes when he fears,   10
The black and awful chaos of the night;
For through it all—above, beyond it all—
I know the far-sent message of the years,
I feel the coming glory of the Light.

신조(信條)

길을 찾을 수 없다. 수의(壽衣)에 싸인
하늘 어디에도 별이 없으니.
공중엔 어떤 살아 있는 목소리의
속삭임도 없고 너무 먼 속삭임뿐이라서
아름다운 천사의 손가락들이, 무심코,   5
장미 한 송이 없는 화환에 죽은 잎들을
엮어 짤 때 연주된, 사라진 장엄한 음악의
한 소절(小節)로만 내 귀엔 들린다.
아니, 어떤 희미한 빛도 어떤 부름도 없다,
밤의 시커멓고 무서운 혼돈(混沌)을   10
맞이하는, 두려워하며 맞이하는 자에게는.
왜냐하면 혼돈 도처에서 — 그 위와 너머에서 —
나는 멀리서 보내온 세월의 전갈을 알아차리고,
'빛'의 영광이 다가옴을 느끼고 있으니.

로빈슨이 전통적 신앙과 새로운 회의주의를 화해시키고자 애쓰면서 현대 세계에 대한 고뇌에 찬 의심을 반향하고 있다는 사실을 밝혀내기 위해 우리가 그의 시의 창작 일시 — 1894년 경 — 를 알아야 할 필요는 거의 없다.

만일 어떤 특정한 시대를 특징짓는 것들을 인식하는 어떤 방식들이 있다면, 역사상 내내 존속하거나 이따금 재출현하는 관념들도 있다. 이를테면, 「틴턴 수도원」에서 따온 워즈워스의 구절은 우주의 영(靈)이 "인간의 마음"을 포함한 만물 속을 흐르고 또 만물을 포괄한다는 관념을 반영한다. 이 견해에 의하면, 모든 개별적 영혼들은 한 거대한 대령(大靈, Oversoul)의 부분들이고, 일시적으로 또는 불완전하게 그것으로부터 분리되어 있다는 것이다. 분리되어 있는 동안 그들은 추락한 그리고 불완전한 여건에 있게 된 것이고, 그들이 강렬하게 갈망하는 운명은 대령과, 또 결과적으로 서로와 재결합되는 것이다. 그래서 궁극적으로 모든 인류는 한 재결합을 성취할 것인데, 이 재결합 속에서 고통스러운 개별적 정체(正體)들은 하느님인 거대한 영 속에서 합병될 것이다. 이 관념은 어떤 개별적인 역사적 시기에 국한되지 않고, 보다 오래된 시기들로부터 그 관념을 빌어와서는 그들 자신이 수정한 바를 덧붙인 다양한 문화들의 세계관의 일부가 되어 왔다. 그것은 힌두교(Hinduism) 철학뿐만 아니라 신플라톤주의(Neo-Platonism) 철학에서도 나타나고, 17세기의 영국 형이상학파 시인들과 19세기의 독일·영국·미국 낭만주의 철학에서 재출현한다. 헨리 본(Henry Vaughan, 1621-1695)의 「폭포」("The Waterfall")에서는 이 관념의 17세기적 표현을 찾아볼 수 있다.

> Dear stream! dear bank! where often I
> Have sat and pleased my pensive eye —
> Why, since each drop of thy quick store
> Runs thither whence it flowed before,
> Should poor souls fear a shade or night,
> Who came, sure, from a sea of light?
> Or since those drops are all sent back
> So sure to thee that none doth lack,
> Why should frail flesh doubt any more
> That what God takes he'll not restore? (ll. 13-22)

그리운 개울이여! 종종 내가 앉아
생각에 잠긴 눈을 즐겁게 해주던 그리운 둑이여! —

너의 흐르는 저장고의 물방울 하나 하나가
저마다 전에 흘러나온 곳으로 달려가는데,
분명히 빛의 바다에서 온 가련한 영혼들이
왜 그늘이나 밤을 두려워해야 하는가?
아니면, 그 물방울들이 틀림없이 너에게 고스란히 되돌려져
없어진 물방울 하나 없는데,
하느님이 가져가신 것을 자신이 회복하지 못할 거라고
왜 연약한 육신을 가진 인간이 계속 의심해야 하는가? (13-22행)

다음에 나오는 시는 미국 낭만주의자인 랠프 왈도 에머슨(Ralph Waldo Emerson, 1803-1882)이 19세기 후반에 이 관념을 어떻게 자기 식으로 받아들였는지를 보여준다.

Pan

O what are heroes, prophets, men,
But pipes through which the breath of Pan doth blow
A momentary music. Being's tide
Swells hitherward, and myriads of forms
Live, robed with beauty, painted by the sun;   5
Their dust, pervaded by the nerves of God,
Throbs with an overmastering energy
Knowing and doing. Ebbs the tide, they lie
White hollow shells upon the desert shore,
But not the less the eternal wave rolls on   10
To animate new millions, and exhale
Races and planets, its enchanted foam.

판 신(神)

오, 무릇 영웅들, 예언자들, 인간들이란
판 신이 숨결을 불어넣어 순간의 음악을 연주하는
피리에 지나지 않는다. 존재의 조수(潮水)는
이쪽으로 넘실거리고, 무수한 형상들은
아름다움의 옷을 걸치고 태양에 의해 채색되어 살아간다.　　　5
신의 신경이 고루 퍼진 그들의 먼지는
인식하고 행하면서 억누를 길 없는 활력으로
고동친다. 썰물 때면 그들은
인적 없는 해안에 텅 빈 하얀 조가비로 눕지만,
그래도 영원한 파도는 계속 밀려와　　　10
수백만의 새 형상들에게 생명을 불어넣고
그 매혹적인 물거품인 수많은 종족들과 행성들을 토해낸다.

　이 사례들에서 대령은 물(개울 또는 바다), 즉 하나의 거대한 저수지로 그려지고 있는데, 각각의 개별적 영혼은 그것의 입구인 셈이거나, 물 한 방울, 하나의 조류(潮流), 또는 조수(潮水) 웅덩이로서 그것과 분리되어 있는 셈이다.

〈2〉 명시적 진술 대(對) 은유

　어떤 수단에 의해 우리의 사례들에서의 관념들이 전달되었는가? 워즈워스의 시에서 따온 구절은 주로 명시적 진술에 의해 진행된다. 완전히 직접적인 방식으로 시인은 본질적으로 설명적인 진술을 내놓으면서, 운율법의 자원들 정도의 도움만을 받고 있다. 중요한 명사들의 상당수는 추상명사이다―"존재(presence)," "어떤 것(something)," "운동(motion)," "정신(spirit)," "사물들(things)." 의인화 또는 은유의 아주 미약한 힌트만이 "침투된(interfused)," "거처(dwelling)," "추진시키고(impels)," "구르는(rolls)"에서 나타난다. 시의 구체적이고 극적인 특질을 고집스럽게 강조하면서 우리는 시에는 명시적이고 축자적(逐字的)인 진술이 들어설 자리가 없다는 점을 암시했던 것처럼 보였을지 모른다. 실제로는 그런 자리가 있지만, 그다지 대수롭지 않은 자리이다. 시적 진술의 특징적 방법은 극적이고 비유적이다. 비유적 언어의 본질은 이중성이다. 은유, 직유, 환유, 제유, 의인화, 그리고 다의성의 수사적 기교들―말장난, 역설, 모순 어법, 언어적 아이러니―은 모두 두 가지 사물들의 연계를 수반한다. 그래서 시인은 구체적인 것과 추상적인 것, 축자적인 것과 비유적인 것, 바로 손닿는 곳에 있는 것과 부재하거나 만질 수 없는 것에 동시에 유의한다. 우리가 인용했던 본과 에머슨의 구절들은 주로 은유에 의해 진행된다. 어떤 등가성이 단언되어서 워즈워스가 추상적으로 진술한 그 관념은 눈에 보이고 만질 수 있는 어떤 물상들―그 특질들의 일부는 추상화에 의해 공유된다―의 측면에서 다루어질 수 있다. 비록 워즈워스의 구절보다 시로서 더 우수한 것은 결코 아니지만, 두 시인의 구절들은 보다 흔하고 보다 특징적인 간접적 방법을 사용하고 있다.

〈3〉 앨리고리

하나의 은유가 많이 확장될 때, 그리고 특히 시인이 주요 은유로부터 파생된 종속적 은유들의 복합체로 하나의 서사를 발전시킬 때, 우리는 그 결과물을 앨리고리(우유(寓喩), 우의(寓意), 풍유(諷諭), *allegory*)로 지칭한다. 앞부분에서 우리는 롤리(Sir Walter Ralegh, 1552-1618)의 「삶이란 무엇인가?」("What is our life?")를 확장된 은유의 한 사례로서 검토한 바 있다. 그 교묘한 짧은 시는 서사의 결여라는 점에서만 앨리고리에 못미칠 뿐이다. 매슈 아놀드(Matthew Arnold, 1822-1888)의 「마거리트에게-속편」("To Marguerite-Continued")은 분명히 하나의 확장된 은유이기도 하지만, 롤리의 시편보다 더 강력한 서사적 요소를 담고 있기 때문에 앨리고리에 더 가깝다.

*To Marguerite —Continued

Yes! in the sea of life enisled,
With echoing straits between us thrown,
Dotting the shoreless watery wild,
We mortal millions live *alone*.
The islands feel the enclasping flow,   5
And then their endless bounds they know.

But when the moon their hollows lights,
And they are swept by balms of spring,
And in their glens, on starry nights,
The nightingales divinely sing;   10
And lovely notes, from shore to shore,
Across the sounds and channels pour —

Oh! then a longing like despair
Is to their farthest caverns sent;
For surely once, they feel, we were   15
Parts of a single continent!

Now round us spreads the watery plain —
Oh might our marges meet again!

Who ordered that their longing's fire
Should be, as soon as kindled, cooled?   20
Who renders vain their deep desire? —
A God, a God their severance ruled!
And bade betwixt their shores to be
The unplumbed, salt, estranging sea.

마거리트에게 — 속편

그렇소! 삶의 바다에 섬마냥 고립되어
메아리치는 해협을 사이에 두고
가없는 물의 황야에 점점이 흩어져
우리 수백만 인간들은 홀로 산다오.
움켜쥐는 밀물을 느낄 때에야   5
섬들은 그 끝없는 경계를 알게 된다오.

하지만 우묵한 곳에 달빛 비치고,
봄의 향기가 섬에 넘쳐흐르고,
별 총총한 밤이면 골짜기에서
나이팅게일들이 성스럽게 노래부르며   10
아름다운 가락들을 해안에서 해안으로,
작은 만들과 해협들을 가로질러 쏟아낼 때 —

오! 그때 절망 같은 그리움이
섬의 가장 먼 동굴들까지 전해진다오.

섬들이 느끼기에, 분명히 한때는 우리가　　　　　　　　　15
　　한 대륙의 일부였었으니까요!
　　이제 우리 주위엔 물의 평원이 펼쳐져 있소—
　　오 제발 우리의 가장자리끼리 다시 만날 수 있기를!

　　누가 명령했소, 그들의 그리움의 불길이
　　불붙자마자 바로 식어가도록?　　　　　　　　　　　　20
　　누가 그들의 절실한 바람을 허사로 만드는 거요?—
　　어떤 신이, 어떤 신이 그들의 단절을 명하신 거요!
　　그리고는 깊이를 알 수 없는, 짠, 소외시키는 바다에게
　　그들의 해안 사이에 있으라 명하신 거요.

서두 행들은 모든 다른 은유들을 부분으로 거느리는 주요 은유를 확립한다. 삶은 바다로 표상된다. 인류는 "깊이를 알 수 없는, 짠, 소외시키는 바다"에 의해 분리된 섬들로 표상된다. (이 관념을 존 던(John Donne, 1572-1631)의 "인간은 결코 하나의 섬이 아니다(No man is an island)" ("Meditation 17," *Devotions upon Emergent Occasions*)라는 어구와 비교해 보라.) 우리의 기쁨의 순간은 향긋한 봄밤이다. 우리의 간헐적인 의사소통은 나이팅게일들의 먼 노랫가락이다. 애초의 통합된 여건 속에서 우리는 쪼개지지 않은 한 대륙이었다.

　이 시의 어떤 특질들이 이 시를 우의적인 것으로 특징짓는가? 첫째, 이 시는 하나의 서사로까지 이어진, 일관성 있게 관련된 은유들의 구조물이다. 이 은유들의 빈사(賓辭)들—추상적이거나 묘사되지 않은 사물들(삶, 인간 존재들)을 표상하는 구체적인 축자적 물상들(바다, 섬들)—은 우의적 기호들(*allegorical signs*)로 불린다. 둘째, 각각의 우의적 기호와 그것이 의미하는 것간의 관계는 임의적이다. 즉, 섬들과 인간들간의 실제적 유사성은

전혀 밀접한 것이 아니다. 그들간에는 자연스런 관련성이 전혀 없는 것이다. 셋째, 비록 많은 우의적 기호들(달, 봄의 향기, 나이팅게일들)이 한 무리의 정서들을 환기시키기도 하지만, 각각의 우의적 기호는 오로지 한 가지 의미만을 갖는다. 물론『요정 여왕』(The Faerie Queene)에서처럼 많은 인물들과 사건들로 가득찬 무척 긴 서사로 고도로 정교하게 다듬어지기도 하지만, 앨리고리는 여전히 이 세 가지 특징들을 지니고 있다.

〈4〉 상징

하나의 관념을 구체화하는 또다른 방식은 상징(象徵, symbol)에 의한 것이다. 가장 광범위한 용례에서, 상징은 다른 어떤 것을 표상하는 어떤 것이다. 이 매우 일반적인 의미에서, 주로 복잡하지 않은 하나의 관념을 대표하는 정도로 흥미로운 어떤 사물은 상징으로 불릴 수 있고, 그래서 이 용어는 때로 우의적 기호들, 모든 단어들, '멈춤'을 나타내는 붉은 등, 또는 "페이지 아래쪽을 보라"를 지시하는 *표들을 포함한다. 실제로 그런 사물들은 보다 적절하게는 기호(sign)들로 지칭된다. '상징'이라는 용어는 그렇다면 하나의 물상, 하나의 행위, 하나의 상황을 위해, 그리고 하나의 추상화, 보이지 않는 한 물상, 친숙하지 않은 한 물상, 너무 광대하거나 복잡해서 직접적으로나 축자적으로 다루어질 수 없는 어떤 현상의 복잡성을 재현하는 한 언어적 공식을 위해 – 아니면 동시에 이들 중 몇 개를 위해 – 따로 남겨둘 수 있다. 상징은 상징된 사물을 둘러싼 정서를 대체로 환기시키고, 대표된 사물의 다양한 측면들을 다양한 맥락에서 암시한다. 더욱이, 상징은 그것이 표상하는 사물과 모종의 자연스러운 관계를 맺을 것이다. 그것은 사물들의 커다란 집단의 대표적 사례일 수도 있는데, 그래서 이를테면 한 특정한 병사는 모든 전투병들을 상징할 수 있다. 그것은 상징된 사물의 많은 특징들을 구체화할 수 있다. 예컨대, 미의 한 상징으로서의 장미는 그 자체로 아름답지만, 동시에 연약하고 덧없고 쓸모도 없다. 하나의 원은 온전함 또는 통일성을 상징할 수 있는데, 왜냐하면 원 자체가 온전하고 통합되어 있기 때문이다. 상징은 그것이 상징하는 바의 역사와 밀접하게 연관되어 있을 수 있다. 십자가는 실제로 그리스도가 십자가에 못박힐 때 사용된 물상이었고, 그리스도교와 관련된 모든 것들-그리스도의 수난뿐만 아니라 그리스도교의 역사, 그리스도교 신자 집단, 그리스도교의 교설들까지 포함한-을 상징하게 되었다. (십자가는 또 실제로건 지도상으로건 교회 건물을 표시하는 기호로도 사용될 수 있다. 옷깃 버튼의 형상으로는 그리스도교인임을 확인하는 기호일 수도 있다. 비록 이런 식으로 하나의 기호로 사용되긴 하지만, 십자가는 또 우리가 열거한 복합적이고 보이지 않는 사물들을 대표하는 정도에서 하나의 상징으로 여전히 작용할 수도 있다.) 마지막으로, 상징은 대체로 관련될 수도 관련되지 않을 수도 있는 여러 가지 사물들을 표상한다. 우리가 상징의 여러 가지 지시물들을 확인할 수 있긴 하지만 그것의 복합적 의미를 완전히 해명할 수는 없는데, 그래서 어느 정도로는 상징은 그것이 상징하는 바를 표현하는 유일한 방식이다.

분명히 상징은 일반적으로는 서로 유사성이 없지만 수많은 중요한 특질들을 공유하는 두 사물들을 연관시킨다는 점에서 우의적 기호와 마찬가지로 일종의 은유인 셈이다. 문학에 나타나는 바로서의 상징은 대체로 명명되지 않은 한 사물을 표상한다. 그렇다면 어떻게 우리가 하나의 물상, 하나의 행위, 하나의 상황, 또는 하나의 언어적 공식이 상징인지를 알 수 있는가, 또 어떻게 그것이 표상하는 바를 알 수 있는가 등의 문제가 생긴다. 근래에 전문적인 비평가들간에 이 문제를 놓고 엄청나게 많은 논쟁이 벌어져 왔고, 그래서 학생들로서는 상징적 의미들을 알아차리지 못하거나 제시된 해석들에 항상 동의하지는 못한다고 해도 애석해할 필요가 없다. 실제로 비평가들간에 의견이 일치되지 않는 부분들이 일치되는 부분들보다 더 볼 만하거나 재미있어서, 논쟁들이 일반적으로 받아들여진 이론의 광범위한 영역들과 대부분의 확정된 해석까지도 흐릿하게 만들어버릴 정도이다. 어떤 사람의 추측이 다른 사람의 그것만큼 훌륭한 것은 아니며, 우리가 다루고 있는 것은 그 성격상 결코 정확한 과학으로 환원될 수 없는 복합적이고 어려운 문제이다. 그렇지만 우리가 시에 대한 숙련된 독자의 호기심 강한 재간 쪽으로 출발할 수 있도록 해주는 몇 가지 지침들이 있다.

첫째, 많은 물상들은 상징들로서 무척 오랫동안 일관성 있게 사용되어 와서 우리는 그것들이 나타나는 곳마다 상징적 가능성들에 유의하는 편이 낫다. 온갖 종류의 길, 흐르는 물, 여로(旅路)는 너무 자주 은유뿐만 아니라 상징에 있어서도 삶에 비유되어 그런 상징을 효율적으로 사용하기 위해서는 정말로 창의적인 정신이 요구된다. 그렇지만 위대한 작가들은 거듭 그 같은 위업을 성취하고 있다. 바다는 때로 생명의 원천, 생명 그 자체, 죽음, 또는 무의식을 대표하는 데 사용되고 있다. 낮과 밤의 경과, 또는 계절의 순환은 인간의 삶의 덧없음을 대표할 수 있다. 윌리엄 블레이크의 「양」("The Lamb")은 온화함과 천진무구함의 전통적 연상들을 사용할 뿐만 아니라 양이 그리스도의 한 상징이라는 것도 우리에게 상기시킨다. 이 모든 사물들은 **공적(公的) 상징**(*public symbol*)들이 될 수 있는데, 왜냐하면 그것들은 문자를 사용하는 대부분의 인간들의 공동의 소유물이기 때문이다. 즉 그것들은 대부분의 민족들에 의해 인류 역사 전체에 걸쳐 사용되어 온 것이다. 작가들은 또 **임시 상징** 또는 **사적(私的) 상징**(*nonce or private symbol*)을 사용할 수도 있는데, 이것은 윌리엄 버틀러 예이츠(William Butler Yeats,

1865-1939)가 현실의 현대 세계에 대한 한 이상적 대안을 상징하기 위해 비잔티움(Byzantium)이라는 도시를 사용하고 있는 것처럼 그들의 개별 문학 작품이나 전집에서만 나타난다. 때로 자서전, 편지, 또는 예이츠의 『비전』(A Vision) 같은 산문 저작들 등, 해당 작품 바깥의 원천들로부터 한 상징의 의미를 알아내는 것이 필요하지만, 이같은 경우는 실제로는 무척 드물다. 검토 대상이 된 작품은 대개 우리가 알 필요가 있는 바를 우리에게 말해준다. 휘트먼(Whitman)이 기관차를 "현대적인 것의 전형(type of the modern)"("To a Locomotive in Winter," 13행)으로 지칭할 때 그러하듯이, 때로 시인은 자신의 상징들이 의미하는 바를 우리에게 알려준다. 그러한 도움 없이도 우리는 윌리엄 블레이크가 「호랑이」("The Tyger")에서 우주의 모든 악의적 힘들을 대표하기 위해 힘세고 무시무시한 한 동물을 사용하고 있음을 깨닫는다. 그래서 "양을 만든 그가 너를 만들었는가?"라는 행은 그리스도의 선함을 창조한 그 하느님이 악을 창조한 것인지를 묻고 있는 셈이다.

*The Tyger

Tyger! Tyger! burning bright
In the forests of the night,
What immortal hand or eye
Could frame thy fearful symmetry?

In what distant deeps or skies   5
Burnt the fire of thine eyes?
On what wings dare he aspire?
What the hand dare seize the fire?

And what shoulder, & what art,
Could twist the sinews of thy heart? 10
And when thy heart began to beat,
What dread hand? & what dread feet?

What the hammer? what the chain?
In what furnace was thy brain?
What the anvil? what dread grasp 15
Dare its deadly terrors clasp?

When the stars threw down their spears
And water'd heaven with their tears,
Did he smile his work to see?
Did he who made the Lamb make thee? 20

Tyger! Tyger! burning bright
In the forests of the night,
What immortal hand or eye
Dare frame thy fearful symmetry?

호랑이

호랑이야! 밤의 숲 속에서
환하게 불타는 호랑이야!
어떤 불멸의 손이나 눈이
네 섬뜩한 균형을 빚을 수 있었는가?

어떤 먼 심연(深淵)이나 하늘에서 5

네 눈의 불이 타올랐는가?
어떤 날개를 타고 감히 그는 솟아올랐는가?
어떤 손이 감히 그 불을 잡았는가?

또 어떤 어깨, 어떤 기술이
네 심장의 힘줄을 비틀 수 있었는가?　　　　　　　　　10
그리고 네 심장이 고동치기 시작했을 때,
어떤 무서운 손이? 그리고 어떤 무서운 발이?

어떤 망치가? 어떤 쇠사슬이?
어떤 용광로에 네 두뇌가 들어 있었는가?
어떤 모루가? 어떤 무서운 장악력이　　　　　　　　　15
감히 그것의 치명적 공포들을 꽉 움켜쥐었는가?

별들이 창을 내동댕이치고
눈물로 하늘을 적셨을 때,
그는 자기 작품을 보고 미소지었는가?
양을 만든 그가 너를 만들었는가?　　　　　　　　　20

호랑이야! 밤의 숲 속에서
환하게 불타는 호랑이야!
어떤 불멸의 손이나 눈이
감히 네 섬뜩한 균형을 빚어냈는가?

　만일 하나의 물상이 핵심적 지점들에서 반복 같은 것에 의해 크게 부각되다면, 우리는 그것이 상징적 의미를 담고 있는 것으로 추정해야 한다. 만일 그 물상을 부각시킨 것에 어떤 다른 목적이 있는 것이 아니라면, 이같은 관측은 특히 사실에 부합될 것이다. 훌륭한 작가들은 겉보기보다 더 용의 주도하게 글을 쓴다. 한 작품 속의 모든 것은 어떤 목표를 향하고 있는 것이다. 여기에서 한 가지 어려운 점은 참으로 효율적인 문학 예술가는 대체로 그가 취하는 하나의 조치만으로도 여러 가지 일들을 달성한다는 것이다. 그렇다면 잘 동화된 하나의 상징은 축자적 서사를 진척시키거나 유익한 분위기를 창조하기도 할 것이고, 어쩌면 자신의 존재를 정당화하기 위해 상징적 해석을 해달라고 소리 높여 외치지도 않을 것이다.

하나의 상징에 대한 해석의 최종적 시금석(試金石)은 그것이 그 작품을 정당하게 조명해 준다는 것이다. "정당하게(legitimately)"라는 단어로 우리가 뜻하는 바는, 해석은 작품 속의 증거에 확고하게 토대를 둔 것으로서, 토대 없이 허공에 걸려 있는 원래의 구조물을 곧 쓰러질 듯하게 리모델링해 놓은 것이 아니라는 점이다. 건전한 해석은 그 속에 확신을 담고 있고, 양식(良識)과 조화를 이루며, 시 속의 모든 것을 설명하면서도 시 속에 들어 있지 않거나 분명히 시와 관련이 없는 어떤 것도 요구하지 않는다.[4]

---

4) [원주] 앨리고리와 상징에 관해 그동안 발표된 논의는 광범위하고 일관성이 없으며 혼란스럽다. 이 말썽 많은 용어들에 대한 모든 대안적 정의들과 기술들을 제시하기보다는, 우리는 모든 사례들을 망라하기 위한 하위 분류들을 늘리지 않으면서 일관성 있고 명료하다고 우리가 믿고 있는 한 특정한 입장을 택했다. 본문에서의 우리의 논의에서 제외된 대안들 중의 몇 가지를 일별하는 것도 유익할 수 있다.

앨리고리에 대한 우리의 정의는 상례적으로 그것에 설정된 한계들을 상당히 넘어서는 영역까지 뻗어 있다. 우리는 관례적으로 앨리고리 작가들이 현실 세계에 적용 가능한 도덕적 교훈을 가르치는 한 수단으로서 하나의 인위적 세계를 창안한다고들 말한다. 등장인물들은 합당한 이름을 지닌 의인화된 특질들('충실'(Fidelity), '듀에싸'(Duessa: '이중성'이라는 의미를 지닌, 스펜서의 『요정 여왕』에 등장하는 마녀의 이름))이나 합당하게 명명된 대표적 유형들('만인'(Everyman), '세속인 씨'(Mr. Worldly-Wiseman))이다. 이런 부류의 글은 우리의 정의에 포함된 앨리고리의 중요한 변종들 중의 하나이다. 앨리고리라는 용어를 이렇게 한정시키는 것의 문제점은 그것이 상징(앨리고리를 이렇게 한정시키면 결국 우리는 많은 문학 작품들을 이 범주에 할당할 수밖에 없다)보다는 (이렇게까지 제한된 부류의) 앨리고리에 더 가깝게 관련된 많은 문학 작품들을 배제시킨다는 점이다. 또다른 견해는 앨리고리가 상징들의 한 체계라고 주장한다. 이처럼 '상징'이라는 용어는 전혀 다른 두 가지 고안물들, 즉 단가적(單價的)인 기호와 다가적(多價的)인 상징을 망라하게끔 됨으로 인해 혼란스러워진다.

〈5〉 인유

시의 내용의 또다른 측면은 인유(引喩, *allusion*)인데, 이것은 문학, 역사, 또는 당대의 사건들을 장황한 설명 없이 언급하는 것으로 정의될 수 있다. 다음에 나오는 에머슨의 몇 행에서 우리는 패러프레이즈(paraphrase)라는 수단에 의해 "가난하지만 자랑스러워하는(poor but proud)"이라는 금언적(金言的) 표현, 미합중국 독립선언문("인간은 창조주에 의해 양도될 수 없는 몇 가지 권리들을 부여받았다(men are endowed by their Creator with

---

앨리고리에 대한 우리의 정의는, 첫째, 일련의 관련된 기호들이 하나의 일관성 있는 서사로까지 이어져 있음을 강조한다. 둘째, 이 정의는 인위적 세계나 자연적 세계로부터 선별된 기호들이 그것들이 자연스럽게 관련되거나 관련되지 않을 수도 있는 추상적이거나 복합적이거나 부재하는 현상들을 표상하게끔 된 임의적 방식을 강조한다. 셋째, 이 정의는 기호들의 일관성 있게 단가적인 특질을 강조한다. 우리는 앨리고리가 그것에 대한 해석을 위한 명시적 단서들을 포함하거나 포함하지 않을 수도 있지만, 일단 앨리고리의 전반적 도식이 발견될 경우(대개는 어렵지 않은 문제인데) 1대1 관계들의 일관성 있는 체계는 쉽게 확립될 수 있다는 것을 여기에서 덧붙일 수 있다.

이와는 대조적으로, 상징에 대한 우리의 정의는, 첫째, 어떤 상징주의적 작품에서의 상징들의 상례적인 비연속성을 함축한다. 우리가 상징들의 한 '체계'를 접하게 되는 경우는 거의 없다. 둘째, 이 정의는 상징이 그것이 상징하는 복합적인 사물들과 맺는 자연스러운 관계를 강조한다. 셋째, 그것은 상징의 변하는 복합적 의미들을 강조한다. 상징주의는 빈번히 상징과 상징된 사물이나 사물들과의 명시적 동일시를 생략하고, 그래서 상징은 최종적이고 명확한 해석을 허용하지 않는다.

앨리고리와 상징간의 여러 가지 다른 구분들도 시도되어 왔다. 앨리고리가 의식적으로 언표된 '메시지들'을 가장하기 위해 고안된 하나의 지적 책략인 반면에, 상징은 다른 어떤 방식으로도 표현되거나 구체화될 수 없는 내재적 의미들을 경험 속에서 발견하는 것이라는 주장도 제시된 바 있다. 우리의 정의에서는 앨리고리도 때로 발견의 과정들을 사용하며, 역으로 우리가 상징들이 때로는 의식적으로 창안된 것이 아니라고 추정할 이유도 전혀 없다. 또한 앨리고리가 현실 세계에 관해 논평하기 위해 창안된 세계를 사용하는 데 비해, 상징은 불투명한 현실 세계를 관통하여 현실의 현상 세계에서의 감각들의 일상적 유효 범위를 넘어선 선험적인 이상적 실재(實在)에 대한 일견(一見)들을 드러내고자 한다라는 주장도 제시된 바 있다. 이같은 주장은 형이상학적 관념론 철학을 고수하는 작가들만이 상징주의적 작품들을 쓸 수 있거나 쓰고자 한다는 것, 또는 유물론자들이 그러한 작품들을 쓰고자 시도하는 것은 잘못되었거나 변질된 것임을 가정한다. 사실 철학적 관념론자가 아닌 많은 작가들도 상징에 대한 어떤 합리적인 정의라면 마땅히 포함시켜야 할 그런 작품들을 쓰고 있는 것이다.

certain unalienable rights)"), 그리고 미합중국 국가(國歌)("오래도록 우리의 땅 빛나기를/ 자유의 성스러운 빛으로(Long may our land be bright/ With freedom's holy light)")에 대해 인유하고 있음을 알아차려야 한다.

> I am not poor, but I am proud,
> Of one inalienable right,
> Above the envy of the crowd, —
> Thought's holy light. ("Thought," ll. 1-4)

> 나는 가난하지 않고 자랑스럽다
> 군중들의 시샘을 넘어서 있는
> 양도될 수 없는 한 권리가—
> 사상의 성스러운 빛이. (「사상」, 1-4행)

이와 비슷하게, 프로스트의 「어느 날 태평양에서」("Once by the Pacific")의 마지막 행은 "불을 꺼라라는 하느님의 마지막 말씀이 있기 전에(Before God's last *Put out the Light* was spoken)"라고 말함으로써 이 세상의 파멸을 언급한다. 인용된 단어들은 "빛이 있으라(Let there be light)"—창조를 선포한 단어들—의 한 패러프레이즈이다. 게다가 우리는 오셀로(Othello)가 데스데모나(Desdemona)를 목졸라 죽이기 직전에 "먼저 이 불을 끄고, 다음에 저 생명의 불을 끄자(Put out the light, and then put out the light)"(5.2.7)라고 말하고 있음을 상기하게 된다. 명백히 작가는 독자가 지닌 일정한 범위의 지식(또는 그런 지식을 습득하고자 하는 의욕)을 가정하고, 『시편(詩篇)』(*The Cantos*)에서의 에즈러 파운드(Ezra Pound, 1855-1972) 같은 몇몇 작가들은 상당히 모호한 몇몇 원전(原典)들에 대한 지식을 기대함으로써 독자들에게 아첨한다. 그렇지만 대체로 인유의 원전들은 상당히 잘 알려진 것들이고, 몇몇 원전들은 아주 빈번하게 사용되어서 비록 그 자체로서는 큰 흥미를 끌지 못하고 또 큰 미점도 없다하더라도 원전들이라는 이유만으로도 연구할 만한 가치가 있는 경우도 있다. 세계사, 성서, 고전 신화, 그리고 셰익스피어의 작품들은 인유의 가장 중요한 원전들이다. 물론 어느 누구도 인유가 요구하는 모든 연상들을 다 불러낼 수는 없을 것이다. 독자는 자신이 집어든 작품의 이해에 중요한 인유들로서 스스로 인식하는 사항들을 찾아볼 수 있다. 그는 또 자신이 삶과 문학 둘 다에 대한 경험을 쌓아가면서 자신이 읽는 모든 것들에 의해 보다 풍성한 자양을 공급받게 될 거라는 점을 스스로에게 상기시킬 수도 있다. 주의 깊은 태도와 좋은 기억력이 도움이 될 것이다.

　인유의 효과는 작가가 말하고자 하는 취지를 강화하고 예시하는 것이다. 하나의 인유는 은유나 직유처럼 새롭고 낯선 것을 독자의 경험 속에 이미 존재하는 어떤 것과 관련시킴으로써 명확하게 해줄 수 있다. 게다가 그것은 다양한 역사적 시기들에 있어서의 인간의 경험의 유사성을 강조함으로써, 우리가 이를테면 트로이아의 목마(Trojan horse)로서의 현대의 어떤 선물에 관해 말할 경우 우리는 호기심과 탐욕에 편승한 속임수가 인류 역사상 거듭해서 방어벽을 돌파해 왔음을 상기하게 된다. 마지막으로, 인유는 한 문학 작품에다 인유된 작품의 의미를 덧붙임으로써 그 문학 작품의 함의들을 확장시킬 수 있다. 「송가─W. H. 채닝에게 헌정함」("Ode: Inscribed to W. H. Channing")에서 에머슨은 다음의 시행들을 포함시키고 있다.

　　　The over-god
　　　Who marries Right to Might,
　　　Who peoples, unpeoples, ─

He who exterminates
Races by stronger races,
Black by white faces, —
Knows to bring honey
Out of the lion;
Grafts gentlest scion
On pirate and Turk. (ll. 80-89)

정의와 힘을 결혼시키고,
사람을 살게 하고, 사람을 없애버리는
그 하늘의 신(神) —
보다 강한 종족들로 다른 종족들을,
흰 얼굴들로 검은 얼굴들을
전멸시킨 그는
사자에게서
꿀을 가져오는 법을 알고,
가장 훌륭한 양갓집 자손을
해적과 터키인에 접붙인다. (80-89행)

"사자에게서/ 꿀을 가져오는 법을 안다"라는 어구는 구약 성서의 「판관기」 제14장에서 삼손(Samson)이 사자를 죽여 햇살 아래 내버려둔 스토리를 인유한다. 며칠 뒤 그곳으로 되돌아가면서 삼손은 벌들이 썩어 가는 사자 시체에서 벌집을 만들고 있음을 보게 된다. 에머슨은 이 스토리를 신이 부패로부터 자양을 주는 꿀을 만들어낼 수 있음을 의미하는 것으로 해석한다. 따라서 이전 행들에서 언급된 악들은 에머슨의 낙관주의적 철학에서는 선의 전주곡(前奏曲)들일 수 있는 것인데, 이같은 취지는 성서적 인유에 의해 명확해지는 것이다.

⟨6⟩ 신화와 원형

　마지막으로 우리는 일종의 확장된 인유로서의 신화의 현대적 용도를 인식해야 한다. 신화(神話, *myth*)는 신이나 영웅의 위업을 이야기하거나, 세계의 창조, 우주의 성격, 또는 한 국가의 기원과 운명 같은 문제들에 관한 한 민족의 신념들을 극화하는 서사이다. 현대의 비평적 용례에서 '신화'는 추정컨대 원시적인 민족들의 이야기뿐만 아니라 동시대의 신념 체계들에도 적용된다. 그래서 우리는 때로 그리스도의 잉태·탄생·성직(聖職)·순교에 관한 스토리를 그리스도교 신화라고 말한다. 마찬가지로, 신세계(新世界)가 모든 다른 국가들의 비극적 역사로부터 마침내 면제된 사람들이 순진무구함과 평화 속에서 자유에 대한 그들의 꿈을 실현시키게 될 땅이라는 관념은 미국적 신화로 불릴 수 있다. 문학 논의에서 사용되는 바로서의 '신화'라는 용어는 그 서사 속에 구체화된 신념들의 참됨이나 거짓됨에 관한 어떤 판단도 내포하지 않는다.

　시인들은 고대 신화들의 상당 부분을 생생한 서사를 위한 토대로서 고쳐 말하거나, 그 신화가 애초에 생겨난 사회에 무슨 의미가 있는지를 재구성하기 위해서라기보다는(그런 작업은 인류학자나 역사가가 하고 싶어할 것이다) 자신들의 독자들을 위한 어떤 의미를 구체화하기 위해 그 신화를 해석할 수 있다. 테니슨의 「율리시즈」("Ulysses")는 율리시즈(오딧세우스)라는 영웅적 인물에 대한 호메로스적 해석에 토대를 두었다기보다는 빅토리아기의 이상들에 대한 테니슨의 해석에 토대를 둔 인물 묘사를 발전시키고 있는 극적 독백이다. 셸리의 『사슬에서 풀려난 프로메테우스』(*Prometheus Unbound*)는 고전 신화를 재창조하지만 동시에 당대의 정치·과학·철학에 대한 많은 언급들을 담고 있다. 블레이크와 예이츠를 포함한 상당수 시인들은 사적인 신화 체계들을 발전시켰지만, 대부분의 시인들은 세계문학의 공적 자원들에 의존하고 있다.

세계문학을 돌아보면 초창기부터 현재에 이르기까지 대개는 저자 자신의 시대로부터 끌어온 극적 상징들을 통해 표현된 수많은 주제들, 상황들, 서사들, 인물 유형들이 빈번하게 거듭 나타난다. 이 반복된 모티프들은 원형(原型, archetype)들로 알려져 있다. C. G. 융(Carl Gustav Jung)과 그의 추종자들은 원형들이 종족의 기억 또는 집단 무의식 속에 존속하는 그 종족의 오래된 경험들을 구체화하기 때문에 여러 세대에 걸쳐 작가들(그리고 독자들)에게 거듭 나타난다는 이론을 제시해 왔다. 이 영원한 지하 대령(大靈)의 개념을 반대하는 이들도 원형들이 거듭 나타나는 현상이나 원형들이 많은 독자들에게 갖는 강한 정서적 호소력을 부정하지는 않는데, 그들은 원형들이 거듭 나타나는 현상을 의식적으로 전승된 문화적 전통의 일부로서 설명한다. 두드러진 원형들은 무엇보다도 하계(下界, Hades)로의 하강, 밤 여행, 아버지 찾기, 죽음과 재생, 입문(入門, initiation), 오이디푸스 콤플렉스, 대지의 여신으로서의 여성, 사탄(Satan)-반항아 인물, 속죄 행위로서 자신의 이야기를 전하는 죄의식에 사로잡힌 방랑자 등을 포함한다. 모드 보드킨(Maud Bodkin)은 『시에 있어서의 원형적 패턴』(Archetypal Patterns in Poetry)에서 죽음-재생 주제가 단테(Dante)의 『신곡(神曲)』(Divine Comedy), 코울리지(Coleridge)의 「노수부의 노래」("The Rime of the Ancient Mariner"), T. S. 엘리엇(Eliot)의 「황무지」("The Waste Land"), 그리고 보다 짧은 많은 시편들에 흔히 나타나고 있음을 지적한다. 「노수부의 노래」에서 이 주제는 밤 여행, 죄의식에 사로잡힌 방랑자, 그리고 천국과 지옥의 관계의 주제들과 합쳐진다. 하나의 원형의 확인은 독자로 하여금 한 편의 시의 총체적 패턴을 인식하게 해주고, 그래서 그렇지 않았더라면 모호했을 많은 세부들이 의미 있게 된다. 여기에서 한 가지 주의할 점이 있다. 원형들을 다룰 때에도 신화와 인유를 다룰 때처럼 우리는 친숙한 한 요소가 매번 나타나더라도 그것이 다른 모든 경우와 똑같을 거라고 가정해서는 안되고, 새로운 시인 한 사람 한 사람이 전통에 기여한 독특한 특질을 인식해야 하는 것이다.

우리가 이 책에서 지금까지 말해 온 바가 한 편의 시를 다루기 위한 체계적인 공식처럼 보일런지 모르겠다. 그러나 그보다 우리는 여기에서 제시된 내용들이 여러분이 시를 읽기 시작하는 데 도움이 되기를 바랄 뿐이다. 여러분 자신의 숙련된 읽기만이 여러분으로 하여금 그렇지 않았더라면 여러분을 피해 갈 수도 있는 시편들로부터 통찰을, 그리고 결과적으로 즐거움을 얻도록 해줄 것이다. 어떤 정해진 힌트들이나 어떤 공식도 여러분 자신이 시를 읽으면서 경험하는 바를 대신할 수 없다. 몇몇 시편들은 명확하고 또렷한 목소리로 즉각 여러분에게 말을 건넬 것이고, 다른 시편들은 오랫동안 침묵을 지키기도 할 것이다. 여러분이 할 수 있는 가장 중요한 일은 시를 읽고 귀기울이는 것이다. 시인을 믿어라. 그러나 여러분 자신도 믿어라.

후속 연구를 위한 참고서지

※ 별표(*)로 표시된 논저는 원저의 참고서지에는 없는 것으로서 역자가 보충한 것임.

*Barber, Charles. *Poetry in English: An Introduction*. London: Macmillan, 1983.

*Bateson, F. W. *English Poetry: A Critical Introduction*. London: Longman, 1950.

Bodkin, Maud. *Archetypal Patterns in Poetry*. London: Oxford University Press, 1934. [Oxford Paperbacks, No. 66]

*Boulton, Marjorie. *Anatomy of Poetry*. London: Routledge & Kegan Paul, 1953.

*Brooks, Cleanth. *Modern Poetry and the Tradition*. Chapel Hill: The University of North Carolina Press, 1939. New edition, New York: Oxford University Press, 1965. [Galaxy Books, GB-150]

_____. *The Well-Wrought Urn*. New York: Harcourt, Brace & Co., 1947. [Harvest Books, HB-11]

Brooks, Cleanth, and Robert Penn Warren. *Understanding Poetry*. New York: Henry Holt & Co., 1938, 1950, 1960.

*Bush, Douglas. *English Poetry: The Main Currents from Chaucer to the Present*. London: Macmillan, 1952.

_____. *Mythology and the Renaissance Tradition in English Poetry.* London: Oxford University Press, 1932. New revised edition, New York: W. W. Norton & Co., 1963. [Norton Library, N-187]

_____. *Mythology and the Romantic Tradition in English Poetry.* Cambridge, Mass.: Harvard University Press, 1937. [Norton Library, N-186]

Courthope, W. J. *A History of English Poetry.* 6 vols. London: Macmillan & Co., 1895-1910.

*Cox, C. B., and A. E. Dyson. *The Practical Criticism of Poetry: A Textbook.* London: Edward Arnold, 1965.

Drew, Elizabeth. *Discovering Poetry.* New York: W. W. Norton & Co., 1933. [Norton Library, N-110]

*Easthope, Anthony. *Poetry as Discourse.* London: Methuen, 1983.

Eastman, Max. *Enjoyment of Poetry.* New and enlarged edition. New York: Charles Scribner's Sons, 1939.

*Fraser, G. S. *Metre, Rhyme and Free Verse.* London: Methuen, 1970.

Gregory, Horace, and Marya Zaturenska. *A History of American Poetry: 1900-1940.* New York: Harcourt, Brace & Co., 1946.

*Gross, Harvey. *Sound and Form in Modern Poetry.* Ann Arbor: The University of Michigan Press, 1964. [Ann Arbor Paperbacks, AA-141]

*Hobsbaum, Philip. *Tradition and Experiment in English Poetry.* London: Macmillan, 1979.

Jarrell, Randall. *Poetry and the Age.* New York: Alfred A. Knopf, 1953. [Vintage Books, K-12]

Krieger, Murray. *The New Apologists for Poetry.* Minneapolis: University of Minnesota Press, 1956. [Midland Books, MB-49]

Kuntz, Joseph M. *Poetry Explication: A Checklist of Interpretation Since 1925 of British and American Poems Past and Present*. Revised edition. Denver: Alan Swallow, 1962. [Swallow Paperbook Edition]

Leavis, F. R. *New Bearings in English Poetry*. London: Chatto and Windus, 1932. New edition, New York: G. W. Stewart, 1950. [Ann Arbor Paperbacks, AA-36]

*Leech, Geoffrey N. *A Linguistic Guide to English Poetry*. London: Longman, 1969.

*Lennard, John. *The Poetry Handbook: A Guide to Reading Poetry or Pleasure and Practical Criticism*. New York: Oxford University Press, 1996.

*Lerner, Laurence. *An Introduction to English Poetry*. London: Edward Arnold, 1975.

*Perrine, Laurence, Thomas R. Arp, and Greg Johnson. *Perrine's Sound and Sense: An Introduction to Poetry*. 11th edition. Boston: Heinle, 2004.

Ransom, John Crowe. *The World's Body*. New York: Charles Scribner's Sons, 1938.

*Reeves, James. *Understanding Poetry*. London: Heinemann, 1965.

Rosenthal, M. L., and A. J. M. Smith. *Exploring Poetry*. New York: The Macmillan Company, 1955.

Saintsbury, George. *A History of English Prosody*. 3 vols. London: Macmillan & Co., 1906-1910.

Sharpiro, Karl, and Robert Beum. *A Prosody Handbook*. New York: Harper & Row, 1965.

Stauffer, Donald A. *The Nature of Poetry*. New York: W. W. Norton & Co., 1946. [Norton Library, N-167]

*Thompson, Denys. *The Uses of Poetry*. Cambridge: Cambridge University Press, 1978.

2

여기에 수록된 시편들은 제1부에서 부분적으로 다뤄졌거나 제1부의 내용을 예시해 줄 수 있는 보충 자료로서 선별된 것으로서, 제1부의 본문 중에 전문이 수록된 시편들과 함께 읽으면 영미시의 큰 흐름을 어느 정도 개관할 수 있을 것이다. '차례'에 시선 전체 목록이 제시되어 있다.

Geoffrey Chaucer
ca. 1343-1400

The General Prologue to *The Canterbury Tales*

When April with his sweet showers has
pierced the drought of March to the root,
and bathed every vein in such moisture
as has power to bring forth the flower;
when, also, Zephyrus[1] with his sweet breath   5
has breathed spirit into the tender new shoots
in every wood and meadow, and the young sun
has run half his course in the sign of the Ram,[2]
and small birds sing melodies and
sleep with their eyes open all the night   10
(so Nature pricks them in their hearts);
then people long to go on pilgrimages,
and palmers° long to seek strange shores   *wide-ranging pilgrims*
and far-off shrines known in various lands,
and, especially, from the ends of every shire   15
in England they come to Canterbury,[3]
to seek the holy, blissful martyr[4]

---

1) 봄에 부는 서풍.
2) 황도대(黃道帶, zodiac)의 12궁(宮)(12개 별자리) 중의 하나인 백양궁(白羊宮)(양자리).
3) 영국 동남부 켄트(Kent) 주에 있는 종교 도시로, 영국 국교회의 중심지.
4) 1170년에 캔터베리 대성당에서 살해되고 그 직후 시성(諡聖)된 캔터베리 대주교인 성 토머스 베킷(St. Thomas à Becket).

who helped them when they were sick.

It befell that one day in that season,
as I was in Southwark5) at the Tabard Inn, 20
ready to go on my pilgrimage
to Canterbury with a most devout heart,
at night there came into that hostelry
a company of nine-and-twenty people —
all sorts of people, who had met by chance; 25
and all of them were pilgrims
who were riding toward Canterbury.
The chambers and the stables were spacious,
and we were made most comfortable.
And shortly, when the sun had gone down, 30
I had spoken with every one of them
so that I had soon become one of their group,
and made an arrangement to rise early
to be on our way, as I shall tell you.

But none the less, while I have time and space, 35
before I pass on further in this tale,
it seems to me in order
to tell you all about
each of them, as they seemed to me —
and who they were, and of what rank in life, 40
and also what they wore —
and with a knight, then, I will begin. . . .

(Translated by A. Kent Hieatt and Constance Hieatt)

---

5) 당시에는 템즈 강 남쪽의 런던(London) 교외였던 서덕(Southwark).

Anonymous [Scottish folk ballad]

Sir Patrick Spens

The king sits in Dumferline[1] town,
    Drinking the blude-reid° wine: *bloodred*
"O whar° will I get a guid sailor   *where*
    To sail this ship of mine?"

Up and spak an eldern° knicht,°   *ancient/knight*   5
    Sat at the king's richt knee:
"Sir Patrick Spens is the best sailor
    That sails upon the sea."

The king has written a braid° letter   *broad*
    And signed it wi' his hand,   10
And sent it to Sir Patrick Spens,
    Was walking on the sand.

The first line that Sir Patrick read,
    A loud lauch° lauched he;   *laugh*
The next line that Sir Patrick read,   15
    The tear blinded his ee.°   *eye*

---

1) 스코틀랜드(Scotland)의 작은 읍(Dunfermline 또는 Dunferline)으로, 이 시의 이본(異本)들마다 "Dumferling," "Dunferline," "Dunfermline," "Dumfermline" 등으로 표기되어 있다.

"O wha° is this has done this deed,   *who*
  This ill deed done to me,
To send me out this time o' the year,
  To sail upon the sea?   20

"Make haste, make haste, my mirry men all,
  Our guid ship sails the morn."
"O say na° sae,° my master dear,   *not/so*
  For I fear a deadly storm.

"Late late yestre'en I saw the new moon   25
  Wi' the auld° moon in her arm.   *old*
And I fear, I fear, my dear master,
  That we will come to harm."

O our Scots nobles were richt laith°   *loath*
  To weet° their corkheeled shoon,°   *wet/shoes*   30
But lang owre° a' the play were played   *ere*
  Their hats they swam aboon.°   *above (their heads)*

O lang, lang may their ladies sit,
  Wi' their fans into their hand,
Or e'er they see Sir Patrick Spens   35
  Come sailing to the land.

O lang, lang may the ladies stand,
   Wi' their gold kembs° in their hair,   *combs*
Waiting for their ain° dear lords,   *own*
   For they'll see thame na mair.°   *more*   40

Half o'er,° half o'er to Aberdour[2]   *halfway* over
   It's fifty fadom° deep,   *fathoms*
And there lies guid Sir Patrick Spens,
   Wi' the Scots lords at his feet.

---

2) 스코틀랜드의 작은 어촌.

Sir Philip Sidney
1544–1586

Astrophil and Stella,[1)] 5

It is most true that eyes are formed to serve
The inward light,° and that the heavenly part   *reason, understanding*
Ought to be king, from whose rules who do swerve,
Rebels to Nature, strive for their own smart.
  It is most true, what we call Cupid's dart[2)]   5
An image is, which for ourselves we carve;
And, fools, adore in temple of our heart,
Till that good god make church and churchman starve.
  True, that true beauty virtue is indeed,
Whereof this beauty can be but a shade,°   *shadow*   10
Which elements with mortal mixture breed;
True, that on earth we are but pilgrims made,
  And should in soul up to our country move:
  True, and yet true that I must *Stella* love.

1582?   1591, 1598

---

1) 『애스트로필과 스텔라』(*Astrophil and Stella*)는 108편의 소네트로 이루어진 소네트 연작(連作)(sonnet sequence)이다.
2) 사랑의 신 쿠피도(Cupido) 또는 큐피드(Cupid)는 로마 신화에서 베누스(Venus) 여신의 아들로, 날개가 있고 활과 보이지 않는 화살("dart")을 갖고 있는 존재로 그려진다. 그리스 신화의 에로스(Eros)에 해당된다.

William Shakespeare
1564–1616

Sonnet 18[1]

Shall I compare thee to a summer's day?
Thou art more lovely and more temperate:
Rough winds do shake the darling buds of May,
And summer's lease hath all too short a date;
Sometime too hot the eye of heaven shines,   5
And often is his gold complexion dimmed;
And every fair from fair sometime declines,
By chance or nature's changing course untrimmed.[2]
But thy eternal summer shall not fade,
Nor lose possession of that fair thou ow'st;°   *ownest*   10
Nor shall death brag thou wander'st in his shade,
When in eternal lines to time thou grow'st:°   *are grafted*
　So long as men can breathe or eyes can see,
　So long lives this, and this gives life to thee.

1609

---

1) 셰익스피어의 『소네트집』(*The Sonnets*)은 154편으로 이루어진 소네트 연작(連作)(sonnet sequence)이다.
2) Stripped of its beauty as external ornament.

John Donne
1572-1631

The Sun Rising[1]

    Busy old fool, unruly sun,
      Why dost thou thus
Through windows and through curtains call on us?
Must to thy motions lovers' seasons run?
    Saucy pedantic wretch, go chide   5
      Late schoolboys and sour prentices,
   Go tell court huntsmen that the King will ride,
   Call country ants to harvest offices;[2]
Love, all alike, no season knows nor clime,
Nor hours, days, months, which are the rags of time.   10

    Thy beams, so reverend and strong
      Why shouldst thou think?
I could eclipse and cloud them with a wink,
But that I would not lose her sight so long;
    If her eyes have not blinded thine,   15
      Look, and tomorrow late, tell me,

---

1) Cf. Ovid, *Amores*, 1.13.
2) "Country ants": 고된 농장일을 꾸준히 하는 사람들. "harveset offices": 가을의 허드렛일들.

Whether both th' Indias of spice and mine[3])
Be where thou leftst them, or lie here with me.
Ask for those kings whom thou saw'st yesterday,
And thou shalt hear, All here in one bed lay.   20

She is all states,° and all princes I,   *nations*
Nothing else is.
Princes do but play us; compared to this,
All honor's mimic, all wealth alchemy.
Thou, sun, art half as happy as we,   25
In that the world's contracted thus;
Thine age asks ease, and since thy duties be
To warm the world, that's done in warming us.
Shine here to us, and thou art everywhere;
This bed thy center is,[4]) these walls thy sphere.   30

1633

---

3) "향료(spice)"의 산지인 동인도(East India)와, 금을 채굴하는 "광산(mine)"의 소재지인 서인도 제도(the West Indies).
4) 옛날의 프톨레마이오스 천문학에 따르면, 지구는 태양의 궤도의 중심이고, 태양의 운행은 그 천구층(sphere) 내로 제한되어 있다.

A Valediction: Forbidding Mourning

As virtuous men pass mildly away,
  And whisper to their souls to go,
Whilst some of their sad friends do say
  The breath goes now, and some say, No;

So let us melt, and make no noise,   5
  No tear-floods, nor sigh-tempests move;
'Twere profanation° of our joys   *desecration*
  To tell the laity our love.

Moving of th' earth brings harms and fears,
  Men reckon what it did and meant;   10
But trepidation of the spheres,
  Though greater far, is innocent.[1]

Dull sublunary[2] lovers' love
  (Whose soul is sense) cannot admit
Absence, because it doth remove   15
  Those things which elemented° it.   *composed*

But we, by a love so much refined

---

1) 지진(earthquake)이 피해를 가져오고 흉조로 여겨졌던 반면에, 천구층의 진동(프톨레마이오스의 우주론에서는, 모든 내부 천구층들에 전해진 제9천구층 또는 투명 천구층의 동요)은 비록 지진보다 훨씬 더 격렬한 움직임이긴 하지만 파괴적이지도 불길한 것이지도 않다.
2) 달 아래의, 따라서 지상적이고 감각적이며 변화에 매어 있는.

That our selves know not what it is,
Inter-assurèd of the mind,
   Care less, eyes, lips, and hands to miss.   20

Our two souls therefore, which are one,
   Though I must go, endure not yet
A breach, but an expansion,
   Like gold to airy thinness beat.

If they be two, they are two so   25
   As stiff twin compasses are two;
Thy soul, the fixed foot, makes no show
   To move, but doth, if th' other do.

And though it in the center sit,
   Yet when the other far doth roam,   30
It leans, and hearkens° after it,   *listens to*
   And grows erect, as that comes home.

Such wilt thou be to me, who must,
   Like th' other foot, obliquely run;
Thy firmness makes my circle just,   35
   And makes me end where I begun.

1633

George Herbert
1593–1633

The Pulley[1])

When God at first made man,
Having a glass of blessings standing by,
"Let us," said he, "pour on him all we can:
Let the world's riches, which dispersèd lie,
   Contract into a span."   5

So strength first made a way;
Then beauty flowed, then wisdom, honor, pleasure.
When almost all was out, God made a stay,°   *halt*
Perceiving that, alone of all his treasure,
   Rest in the bottom lay.[2])   10

"For if I should," said he,
"Bestow this jewel also on my creature,
He would adore my gifts instead of me,
And rest in Nature, not the God of Nature;

---

1) 이 시는 판도라(Pandora)의 단지에 관한 전설을 뒤집는데, 이 전설에 따르면 판도라의 호기심으로 인해 열린 단지에서 온갖 불행이 인류에게 퍼졌고 바닥에 남아 있던 희망(Hope)만이 달아나지 못했다.
2) "Rest": (1) "remainder(나머지)", (2) "repose(휴식)."

So both should losers be.   15

"Yet let him keep the rest,
But keep them with repining restlessness:
Let him be rich and weary, that at least,
If goodness lead him not, yet weariness
    May toss him to my breast."   20

                                          1633

Andrew Marvell
1621-1678

To His Coy Mistress

Had we but world enough, and time,
This coyness, lady, were no crime.
We would sit down, and think which way
To walk, and pass our long love's day.
Thou by the Indian Ganges' side   5
Shouldst rubies find; I by the tide
Of Humber would complain.[1] I would
Love you ten years before the Flood,
And you should, if you please, refuse
Till the conversion of the Jews.[2]   10
My vegetable love should grow
Vaster than empires, and more slow;
An hundred years should go to praise
Thine eyes, and on thy forehead gaze;
Two hundred to adore each breast,   15
But thirty thousand to the rest:

---

[1] 갠지스 강(the Ganges river)은 인도 북부에서 발원하는 큰 강이고, 험버 강(the Humber river)은 마블의 고향인 헐(Hull) 시를 흐르는 강으로서, 지구상에서 서로 정반대되는 곳에 자리한다. Complain: lament (unavailing love).

[2] 유태인들(Jews)은 최후심판일(the Last Judgment) 직전에 개종하는 것으로 알려져 있다.

An age at least to every part,
And the last age should show your heart.
For, lady, you deserve this state,°   *dignity*
Nor would I love at lower rate.   20

  But at my back I always hear
Time's wingèd chariot hurrying near;
And yonder all before us lie
Deserts of vast eternity.
Thy beauty shall no more be found,   25
Nor, in thy marble vault, shall sound
My echoing song; then worms shall try
That long-preserved virginity,
And your quaint[3] honor turn to dust,
And into ashes all my lust: 30
The grave's a fine and private place,
But none, I think, do there embrace.

  Now therefore, while the youthful hue
Sits on thy skin like morning dew,
And while thy willing soul transpires°   *breathes forth*   35
At every pore with instant fires,
Now let us sport us while we may,
And now, like amorous birds of prey,
Rather at once our time devour
Than languish in his slow-chapped power.   40

---

3) "quaint"는 (1) "낡아빠진(out of date)", (2) *queynte*(여성 생식기를 지칭하는 용어)를 모두 뜻하는 말장난(pun)이다.

Let us roll all our strength and all
Our sweetness up into one ball,
And tear our pleasures with rough strife
Thorough° the iron gates of life: *through*
Thus, though we cannot make our sun
Stand still, yet we will make him run.

1681

Edward Taylor

ca. 1642-1729

Huswifery[1]

Make me, O Lord, Thy spinning wheel complete.
    Thy Holy Word my distaff make for me.
Make mine affections Thy swift flyers neat
    And make my soul Thy holy spool to be.
    My conversation make to be Thy reel   5
    And reel the yarn thereon spun of Thy wheel.[2]

Make me Thy loom then, knit therein this twine:
    And make Thy Holy Spirit, Lord, wind quills:[3]
Then weave the web Thyself. The yarn is fine.
    Thine ordinances make my fulling mills.[4]   10
    Then dye the same in heavenly colors choice,
    All pinked° with varnished° flowers of paradise.   *adorned/glossy*

Then clothe therewith mine understanding, will,

---

1) Housekeeping: 여기에서는 "weaving(직조)"을 뜻함.
2) 위 시행들에서 테일러는 방적기(紡績機)의 부품들을 언급한다: "실패(distaff)"는 원모(原毛)나 아마실을 붙들고, "플라이어(flyer)"는 실 잣는 것을 규제하며, "실감개(spool)"는 방사(紡絲)를 꼬고, "얼레(reel)"는 완성된 실을 집어 올린다.
3) 관 모양의 실패.
4) 올을 촘촘하게 만들어 주는 축융기(縮絨機).

>   Affections, judgment, conscience, memory,
> My words, and actions, that their shine may fill   15
>   My ways with glory and Thee glorify.
>   Then mine apparel shall display before Ye
>   That I am clothed in holy robes for glory.

                                                          1939

William Blake
1757–1827

The Lamb

Little Lamb, who made thee?
Dost thou know who made thee?
Gave thee life & bid thee feed,
By the stream & o'er the mead;
Gave thee clothing of delight,   5
Softest clothing wooly bright;
Gave thee such a tender voice,
Making all the vales° rejoice!   *valleys*
Little Lamb, who made thee?
Dost thou know who made thee?   10

Little Lamb, I'll tell thee,
Little Lamb, I'll tell thee!
He is callèd by thy name,
For he calls himself a Lamb;
He is meek & he is mild,   15
He became a little child;
I a child & thou a lamb,
We are callèd by his name.

Little Lamb, God bless thee.
Little Lamb, God bless thee.   20

                                              1789

William Wordsworth
1770-1850

Lines

Composed a Few Miles above Tintern Abbey, on Revisiting the Banks of the Wye during a Tour, July 13, 1798

Five years have past;° five summers, with the length   *passed*
Of five long winters! and again I hear
These waters, rolling from their mountain-springs
With a soft inland murmur.—Once again
Do I behold these steep and lofty cliffs,   5
That on a wild secluded scene impress
Thoughts of more deep seclusion; and connect
The landscape with the quiet of the sky.
The day is come when I again repose
Here, under this dark sycamore, and view   10
These plots of cottage-ground, these orchard-tufts,
Which at this season, with their unripe fruits,
Are clad in one green hue, and lose themselves
'Mid groves and copses. Once again I see
These hedge-rows, hardly hedge-rows, little lines   15
Of sportive wood run wild: these pastoral farms,
Green to the very door; and wreaths of smoke

Sent up, in silence, from among the trees!
With some uncertain notice, as might seem
Of vagrant dwellers in the houseless woods,   20
Or of some Hermit's cave, where by his fire
The Hermit sits alone.

                  These beauteous° forms,   *beautiful*
Through a long absence, have not been to me
As is a landscape to a blind man's eye:
But oft, in lonely rooms, and 'mid the din   25
Of towns and cities, I have owed to them
In hours of weariness, sensations sweet,
Felt in the blood, and felt along the heart;
And passing even into my purer mind,
With tranquil restoration:—feelings too   30
Of unremembered pleasure: such, perhaps,
As have no slight or trivial influence
On that best portion of a good man's life,
His little, nameless, unremembered, acts
Of kindness and of love. Nor less, I trust,   35
To them I may have owed another gift,
Of aspect more sublime; that blessed mood,
In which the burthen° of the mystery,   *burden*
In which the heavy and the weary weight
Of all this unintelligible world,   40
Is lightened:—that serene and blessed mood,

In which the affections gently lead us on, —
Until, the breath of this corporeal° frame   *bodily, material*
And even the motion of our human blood
Almost suspended, we are laid asleep   45
In body, and become a living soul:
While with an eye made quiet by the power
Of harmony, and the deep power of joy,
We see into the life of things.

    If this
Be but a vain belief, yet, oh! how oft —   50
In darkness and amid the many shapes
Of joyless daylight; when the fretful stir
Unprofitable, and the fever of the world,
Have hung upon the beatings of my heart —
How oft, in spirit, have I turned to thee,   55
O sylvan° Wye!1) thou wanderer thro' the woods,   *woody*
How often has my spirit turned to thee!

    And now, with gleams of half-extinguished thought,
With many recognitions dim and faint,
And somewhat of a sad perplexity,   60
The picture of the mind revives again:

---

1) 와이 강(the Wye river)은 웨일즈(Wales) 중부의 파우이스(Powys)에서 시작해서 잉글랜드(England)의 헤리퍼드(Hereford) 시를 지나 어느 한 구역에서 웨일즈와 잉글랜드간의 경계를 이루고 브리스톨(Bristol) 해협에서 바다로 흘러 들어가는데, 그 길이가 210킬로미터에 이른다.

While here I stand, not only with the sense
Of present pleasure, but with pleasing thoughts
That in this moment there is life and food
For future years. And so I dare to hope, 65
Though changed, no doubt, from what I was when first
I came among these hills; when like a roe
I bounded o'er the mountains, by the sides
Of the deep rivers, and the lonely streams,
Wherever nature led: more like a man 70
Flying from something that he dreads, than one
Who sought the thing he loved. For nature then
(The coarser pleasures of my boyish days,
And their glad animal movements all gone by)
To me was all in all.—I cannot paint 75
What then I was. The sounding cataract
Haunted me like a passion: the tall rock,
The mountain, and the deep and gloomy wood,
Their colours and their forms, were then to me
An appetite; a feeling and a love, 80
That had no need of a remoter charm,
By thought supplied, nor any interest
Unborrowed from the eye.—That time is past,
And all its aching joys are now no more,
And all its dizzy raptures. Not for this 85
Faint° I, nor mourn nor murmur; other gifts   *lose heart*
Have followed; for such loss, I would believe,

Abundant recompense.° For I have learned   *compensation*
To look on nature, not as in the hour
Of thoughtless youth; but hearing oftentimes   90
The still, sad music of humanity,
Nor harsh nor grating, though of ample power
To chasten and subdue. And I have felt
A presence that disturbs me with the joy
Of elevated thoughts; a sense sublime   95
Of something far more deeply interfused,
Whose dwelling is the light of setting suns,
And the round ocean and the living air,
And the blue sky, and in the mind of man:
A motion and a spirit, that impels   100
All thinking things, all objects of all thought,
And rolls through all things. Therefore am I still
A lover of the meadows and the woods,
And mountains; and of all that we behold
From this green earth; of all the mighty world   105
Of eye, and ear,—both what they half create,
And what perceive; well pleased to recognise
In nature and the language of the sense,
The anchor of my purest thoughts, the nurse,
the guide, the guardian of my heart, and soul   110
Of all my moral being.

                Nor perchance,°   *perhaps*

If I were not thus taught, should I the more
Suffer my genial spirits° to decay: *creative powers*
For thou art with me here upon the banks
Of this fair river; thou my dearest Friend,   115
My dear, dear Friend; and in thy voice I catch
The language of my former heart, and read
My former pleasures in the shooting lights
Of thy wild eyes. Oh! yet a little while
May I behold in thee what I was once,   120
My dear, dear Sister! and this prayer I make,
Knowing that Nature never did betray
The heart that loved her; 'tis her privilege,
Through all the years of this our life, to lead
From joy to joy: for she can so inform   125
The mind that is within us, so impress
With quietness and beauty, and so feed
With lofty thoughts, that neither evil tongues,
Rash judgments, nor the sneers of selfish men,
Nor greetings where no kindness is, nor all   130
The dreary intercourse of daily life,
Shall e'er prevail against us, or disturb
Our cheerful faith, that all which we behold
Is full of blessings. Therefore let the moon
Shine on thee in thy solitary walk;   135
And let the misty mountain-winds be free
To blow against thee: and, in after years,

When these wild ecstasies shall be matured
Into a sober pleasure; when thy mind
Shall be a mansion for all lovely forms,   140
Thy memory be as a dwelling-place
For all sweet sounds and harmonies; oh! then,
If solitude, or fear, or pain, or grief,
Should be thy portion, with what healing thoughts
Of tender joy wilt thou remember me,   145
And these my exhortations! Nor, perchance—
If I should be where I no more can hear
Thy voice, nor catch from thy wild eyes these gleams
Of past existence³)—wilt thou then forget
That on the banks of this delightful stream   150
We stood together; and that I, so long
A worshipper of Nature, hither came
Unwearied in that service; rather say
With warmer love—oh! with far deeper zeal
Of holier love. Nor wilt thou then forget,   155
That after many wanderings, many years
Of absence, these steep woods and lofty cliffs,
And this green pastoral landscape, were to me
More dear, both for themselves and for thy sake!

July 1798   1798

---

3) 즉, 5년 전의 시인 자신의 모습을 상기시키는 것들(116-19행을 참조).

Samuel Taylor Coleridge
1772-1834

Kubla Khan
Or, A Vision in a Dream. A Fragment

In[1]) the summer of the year 1797, the Author, then in ill health, had retired to a lonely farm house between Porlock and Linton, on the Exmoor confines of Somerset and Devonshire. In consequence of a slight indisposition, an anodyne had been prescribed, from the effect of which he fell asleep in his chair at the moment that he was reading the following sentence, or words of the same substance, in *Purchas's Pilgrimage*: "Here the Khan Kubla commanded a palace to be built, and a stately garden thereunto: and thus ten miles of fertile ground were inclosed with a wall." The author continued for about three hours in a profound sleep, at least of the external senses, during which time he has the most vivid confidence, that he could not have composed less than from two to three hundred lines; if that indeed can be called composition in which all the images rose up before him as things, with a parallel production of the correspondent expressions, without any sensation or

---

1) 1816-29년 텍스트들에는 이 서문 앞에 짧은 문단이 하나 덧붙여져 있다: "The following fragment is here published at the request of a poet of great and deserved celebrity, and, as far as the Author's own opinions are concerned, rather as a psychological curiosity, than on the ground of any supposed *poetic* merits." 여기에서의 "저명한 시인(a poet of . . . celebrity)"은 바이런(George Gordon, Lord Byron)을 가리킨다.

consciousness of effort. On awaking he appeared to himself to have a distinct recollection of the whole, and taking his pen, ink, and paper, instantly and eagerly wrote down the lines that are here preserved. At this moment he was unfortunately called out by a person on business from Porlock, and detained by him above an hour, and on his return to his room, found, to his no small surprise and mortification, that though he still retained some vague and dim recollection of the general purport of the vision, yet, with the exception of some eight or ten scattered lines and images, all the rest had passed away like the images on the surface of a stream into which a stone had been cast, but, alas! without the after restoration of the latter:

    Then all the charm
 Is broken—all that phantom-world so fair
 Vanishes, and a thousand circlets spread,
 And each mis-shape[s] the other. Stay awhile,
 Poor youth! who scarcely dar'st lift up thine eyes—
 The stream will soon renew its smoothness, soon
 The visions will return! And lo! he stays,
 And soon the fragments dim of lovely forms
 Come trembling back, unite, and now once more
 The pool becomes a mirror.
  [From Coleridge's "The Picture; or, the Lover's Resolution," lines 91-100]

Yet from the still surviving recollections in his mind, the Author has frequently purposed to finish for himself what had been originally, as it were, given to him. Αὔριον ἄδιον ἄσω:[2] but the to-morrow is yet to come.

As a contrast to this vision, I have annexed a fragment of a very different character, describing with equal fidelity the dream of pain and disease.[3] – 1816.

In Xanadu[4] did Kubla Khan[5]
A stately pleasure dome decree:
Where Alph,[6] the sacred river, ran
Through caverns measureless to man
  Down to a sunless sea.   5
So twice five miles of fertile ground
With walls and towers were girdled round:
And there were gardens bright with sinuous° rills,   *winding*
Where blossomed many an incense-bearing tree;
And here were forests ancient as the hills,   10
Enfolding sunny spots of greenery.

But oh! that deep romantic chasm which slanted
Down the green hill athwart a cedarn cover!
A savage place! as holy and enchanted
As e'er beneath a waning moon was haunted   15

---

2) "I shall sing a sweeter song tomorrow" (Greek; recalled from Theocritus's *Idyls*, 1.145).
3) 코울리지 자신의 시인 "The Pains of Sleep."
4) 재너두(Xanadu): 원(元) 나라 때의 여름 도성(都城)인 '상도(上都)'로, 쿠빌라이가 즉위한 곳.
5) 쿠블라 칸(Kubla Khan): 징기스칸의 손자로 원 나라의 초대 황제인 쿠빌라이 칸(1216?-1294).
6) 이오니아(Ionia) 해로 흘러들어가는 그리스의 알페이오스(Alpheus) 강에서 유래한 것으로 추정된다. 신화에서 이 강물은 시칠리아(Sicily)에서 아레투사(Arethusa)의 샘물로 다시 솟아나는 것으로 그려진다.

By woman wailing for her demon-lover!
And from this chasm, with ceaseless turmoil seething,
As if this earth in fast thick pants were breathing,
A mighty fountain momently° was forced: *every moment*
Amid whose swift half-intermitted burst   20
Huge fragments vaulted like rebounding hail,
Or chaffy grain beneath the thresher's flail:
And 'mid these dancing rocks at once and ever
It flung up momently the sacred river.
Five miles meandering with a mazy motion   25
Through wood and dale° the sacred river ran,   *valley*
Then reached the caverns measureless to man,
And sank in tumult to a lifeless ocean:
And 'mid this tumult Kubla heard from far
Ancestral voices prophesying war!   30

   The shadow of the dome of pleasure
   Floated midway on the waves;
   Where was heard the mingled measure
   From the fountain and the caves.
It was a miracle of rare device,   35
A sunny pleasure-dome with caves of ice!

   A damsel with a dulcimer
   In a vision once I saw:
   It was an Abyssinian maid,

And on her dulcimer she played, 40
Singing of Mount Abora.
Could I revive within me
Her symphony and song,
To such a deep delight 'twould win me,
That with music loud and long, 45
I would build that dome in air,
That sunny dome! those caves of ice!
And all who heard should see them there,
And all should cry, Beware! Beware!
His flashing eyes, his floating hair! 50
Weave a circle round him thrice,⁷⁾
And close your eyes with holy dread,
For he on honey-dew hath fed,
And drunk the milk of Paradise.

ca. 1797-98   1816

---

7) 영감에 찬 시인이 방해받지 않도록 보호하려는 마법적 의식(儀式).

Frost at Midnight

The Frost performs its secret ministry,
Unhelped by any wind. The owlet's cry
Came loud—and hark, again! loud as before.
The inmates of my cottage, all at rest,
Have left me to that solitude, which suits   5
Abstruser musings: save that at my side
My cradled infant[1] slumbers peacefully.
'Tis calm indeed! so calm, that it disturbs
And vexes meditation with its strange
And extreme silentness. Sea, hill and wood,   10
This populous village! Sea, and hill, and wood,
With all the numberless goings-on of life,
Inaudible as dreams! the thin blue flame
Lies on my low-burnt fire, and quivers not;
Only that film,[2] which fluttered on the grate,   15
Still flutters there, the sole unquiet thing.
Methinks, its motion in this hush of nature
Gives it dim sympathies with me who live,
Making it a companionable form,
Whose puny flaps and freaks the idling Spirit   20
By its own moods interprets, every where

---

1) 당시에 17개월 된, 코울리지 자신의 장남 하틀리(Hartley).
2) In all parts of the kingdom these films are called *strangers* and supposed to portend the arrival of some absent friend [Coleridge's note]. "film": 검댕.

Echo or mirror seeking of itself,
And makes a toy of Thought.

       But O! how oft,
How oft, at school, with most believing mind,
Presageful, have I gazed upon the bars,   25
To watch that fluttering *stranger*! and as oft
With unclosed lids, already had I dreamt
Of my sweet birth-place,3) and the old church-tower,
Whose bells, the poor man's only music, rang
From morn to evening, all the hot Fair-day,   30
So sweetly, that they stirred and haunted me
With a wild pleasure, falling on mine ear
Most like articulate sounds of things to come!
So gazed I, till the soothing things, I dreamt,
Lulled me to sleep, and sleep prolonged my dreams!   35
And so I brooded all the following morn,
Awed by the stern preceptor's4) face, mine eye
Fixed with mock study on my swimming book:
Save if the door half opened, and I snatched
A hasty glance, and still my heart leaped up,   40
For still I hoped to see the *stranger's* face,
Townsman, or aunt, or sister more beloved,5)

---

3) 코울리지는 데번셔(Devonshire)의 오터리 세인트 메어리(Ottery St. Mary)에서 태어났지만, 아홉 살 때 독립 자선학교인 런던의 크라이스트 호스피털(Christ's Hospital)에서 공부하기 위해 고향을 떠났다.
4) 크라이스트 호스피털의 제임즈 보이어(James Boyer) 목사.

My play-mate when we both were clothed alike!

   Dear Babe, that sleepest cradled by my side,
Whose gentle breathings, heard in this deep calm,   45
Fill up the interspersèd vacancies
And momentary pauses of the thought!
My babe so beautiful! it thrills my heart
With tender gladness, thus to look at thee,
And think that thou shalt learn far other lore,   50
And in far other scenes! For I was reared
In the great city, pent 'mid cloisters dim,
And saw nought lovely but the sky and stars.
But *thou*, my babe! shalt wander like a breeze
By lakes and sandy shores, beneath the crags   55
Of ancient mountain, and beneath the clouds,
Which image in their bulk both lakes and shores
And mountain crags: so shalt thou see and hear
The lovely shapes and sounds intelligible
Of that eternal language, which thy God   60
Utters, who from eternity doth teach
Himself in all, and all things in himself.
Great universal Teacher! he shall mould
Thy spirit, and by giving make it ask.

   Therefore all seasons shall be sweet to thee,   65

---

5) 코울리지의 누나인 앤(Ann).

Whether the summer clothe the general earth
With greenness, or the redbreast sit and sing
Betwixt the tufts of snow on the bare branch
Of mossy apple-tree, while the nigh thatch
Smokes in the sun-thaw; whether the eave-drops fall   70
Heard only in the trances of the blast,
Or if the secret ministry of frost
Shall hang them up in silent icicles,
Quietly shining to the quiet Moon.

Feb. 1798   1798

George Gordon, Lord Byron
1788-1824

Sonnet on Chillon

Eternal Spirit of the chainless Mind!
   Brightest in dungeons, Liberty! thou art,
   For there thy habitation is the heart—
The heart which love of thee alone can bind;
And when thy sons to fetters are consign'd—   5
   To fetters, and the damp vault's dayless gloom,
   Their country conquers with their martyrdom,
And Freedom's fame finds wings on every wind.
Chillon! thy prison is a holy place,
   And thy sad floor an altar—for 'twas trod,   10
Until his very steps have left a trace
   Worn, as if thy cold pavement were a sod,
By Bonnivard![1] May none those marks efface!
   For they appeal from tyranny to God.

                        1816

---

1) 프랑스와 드 본니바르(François de Bonnivard, ca. 1493-1570): 스위스의 애국자 및 역사가로, 제네바 근처의 생 빅토르(St. Victor) 수도원의 부원장으로 있으면서 사보이(Savoy)의 샤를르 3세에 반기를 든 반란을 지지한 죄로 1519년부터 1521년까지 수감되었으며, 1530년부터 1536년까지 시용(Chillon) 성에 재수감되었다.

Percy Bysshe Shelley
1792-1822

Ode to the West Wind

1

O wild West Wind, thou breath of Autumn's being,
Thou, from whose unseen presence the leaves dead
Are driven, like ghosts from an enchanter fleeing,

Yellow, and black, and pale, and hectic[1]) red,
Pestilence-stricken multitudes: O Thou, 5
Who chariotest to their dark wintry bed

The wingèd seeds, where they lie cold and low,
Each like a corpse within its grave, until
Thine azure sister of the Spring[2]) shall blow

Her clarion o'er the dreaming earth, and fill 10
(Driving sweet buds like flocks to feed in air)
With living hues and odours plain and hill:

---

1) 결핵일 때 생기는 열을 지칭함.
2) 봄에 불게 될 서풍.

Wild Spirit, which art moving everywhere;
Destroyer and Preserver; hear, O hear!

2

Thou on whose stream, 'mid the steep sky's commotion,   15
Loose clouds like Earth's decaying leaves are shed,
Shook from the tangled boughs of Heaven and Ocean,

Angels° of rain and lightning: there are spread   *harbingers*
On the blue surface of thine aery surge,
Like the bright hair uplifted from the head   20

Of some fierce Mænad,[3] even from the dim verge
Of the horizon to the zenith's height,
The locks of the approaching storm. Thou Dirge

Of the dying year, to which this closing night
Will be the dome of a vast sepulchre,   25
Vaulted with all thy congregated might

Of vapours,° from whose solid atmosphere   *clouds*
Black rain and fire and hail will burst: O hear!

---

[3] 마이나데스는 포도주와 초목의 신인 디오니소스(박코스)를 따르며 광란의 춤을 추는 여성 숭배자들이다. 신화에서 초목의 신으로서의 디오니소스는 가을에 죽었다가 봄에 부활하는 것으로 그려진다.

3

Thou who didst waken from his summer dreams
The blue Mediterranean, where he lay,   30
Lulled by the coil of his chrystalline° streams,   *crystalline*

Beside a pumice isle in Baiæ's bay,4)
And saw in sleep old palaces and towers
Quivering within the wave's intenser day,

All overgrown with azure moss and flowers   35
So sweet, the sense faints picturing them! Thou
For whose path the Atlantic's level powers

Cleave themselves into chasms, while far below
The sea-blooms and the oozy woods which wear
The sapless foliage of the ocean, know   40

Thy voice, and suddenly grow grey with fear,
And tremble and despoil themselves:5) O hear!

4

If I were a dead leaf thou mightest bear;
If I were a swift cloud to fly with thee;

---

4) 로마 황제들이 건립한 웅장한 대저택들이 있는 나폴리 서부. "Pumice": a porous volcanic stone.

5) "The vegetation at the bottom of the sea . . . sympathizes with that of the land in the change of seasons" [Shelley's note].

A wave to pant beneath thy power, and share   45

The impulse of thy strength, only less free
Than thou, O Uncontrollable! If even
I were as in my boyhood, and could be

The comrade of thy wanderings over Heaven,
As then, when to outstrip thy skiey speed   50
Scarce seemed a vision; I would ne'er have striven

As thus with thee in prayer in my sore need.
Oh! lift me as a wave, a leaf, a cloud!
I fall upon the thorns of life! I bleed!

A heavy weight of hours has chained and bowed   55
One too like thee: tameless, and swift, and proud.

5

Make me thy lyre,[6] even as the forest is:
What if my leaves are falling like its own!
The tumult of thy mighty harmonies

Will take from both a deep, autumnal tone,   60
Sweet though in sadness. Be thou, Spirit fierce,

---

6) 풍명금(風鳴琴)(Aeolian lyre or wind harp): 바람이 불 때 그 압력으로 현이 반응하여 음악을 만들어내는 악기.

My spirit! Be thou me, impetuous one!

Drive my dead thoughts over the universe
Like withered leaves to quicken a new birth!
And, by the incantation of this verse, 65

Scatter, as from an unextinguished hearth
Ashes and sparks, my words among mankind!
Be through my lips to unawakened Earth

The trumpet of a prophecy! O Wind,
If Winter comes, can Spring be far behind? 70

1819   1820

William Cullen Bryant
1794-1878

Thanatopsis[1)]

To him who in the love of Nature holds
Communion with her visible forms, she speaks
A various language; for his gayer hours
She has a voice of gladness, and a smile
And eloquence of beauty, and she glides   5
Into his darker musings, with a mild
And healing sympathy, that steals away
Their sharpness, ere he is aware. When thoughts
Of the last bitter hour come like a blight
Over thy spirit, and sad images   10
Of the stern agony, and shroud, and pall,
And breathless darkness, and the narrow house,
Make thee to shudder, and grow sick at heart, —
Go forth under the open sky, and list
To Nature's teachings, while from all around —   15
Earth and her waters, and the depths of air, —
Comes a still voice —

---

1) "Thanatopsis"('죽음에 관한 명상' 또는 '사관(死觀)'을 뜻함)는 브라이언트가 17세 때(1811) 쓴 작품으로 *North American Review* (September, 1817)에 처음 발표되었는데, 그 전후로 여러 차례 개작되었기 때문에 판본마다 조금씩 차이가 있다.

                    Yet a few days, and thee
The all-beholding sun shall see no more
In all his course; nor yet in the cold ground,
Where thy pale form was laid, with many tears,   20
Nor in the embrace of ocean, shall exist
Thy image. Earth, that nourished thee, shall claim
Thy growth, to be resolved to earth again,
And, lost each human trace, surrendering up
Thine individual being, shalt thou go   25
To mix forever with the elements,
To be a brother to the insensible rock
And to the sluggish clod, which the rude swain°   *farmer*
Turns with his share,° and treads upon. The oak   *plowshare*
Shall send his roots abroad, and pierce thy mould.   30

   Yet not to thy eternal resting-place
Shalt thou retire alone, nor couldst thou wish
Couch more magnificent. Thou shalt lie down
With patriarchs of the infant world, with kings
The powerful of the earth, the wise, the good,   35
Fair forms, and hoary seers of ages past,
All in one mighty sepulchre. The hills
Rock-ribbed and ancient as the sun, the vales
Stretching in pensive quietness between;
The venerable woods—rivers that move   40
In majesty, and the complaining brooks

That make the meadows green; and, poured round all,
Old Ocean's gray and melancholy waste, —
Are but the solemn decorations all
Of the great tomb of man. The golden sun, 45
The planets, all the infinite host of heaven,
Are shining on the sad abodes of death,
Through the still lapse of ages. All that tread
The globe are but a handful to the tribes
That slumber in its bosom. — Take the wings 50
Of morning, pierce the Barcan wilderness,2)
Or lose thyself in the continuous woods
Where rolls the Oregon,3) and hears no sound,
Save his own dashings — yet the dead are there:
And millions in those solitudes, since first 55
The flight of years began, have laid them down
In their last sleep — the dead reign there alone.
So shalt thou rest, and what if thou withdraw
In silence from the living, and no friend
Take note of thy departure? All that breathe 60
Will share thy destiny. The gay will laugh
When thou art gone, the solemn brood of care
Plod on, and each one as before will chase

---

2) 북아프리카의 리비아(Libya)에 있는 바르카(Barca) 사막은 당시 지도상에 나타난 "아메리카 대사막(the Great American Desert)"(캘리포니아 주 남부에서 북쪽으로는 아이다호 주와 오리건 주까지, 동쪽으로는 록키 산맥에 이르기까지 펼쳐져 있는 광대한 사막 지대로서 모하브 사막과 페인티드 사막을 포함한다)과 비교된다.
3) 인디언들이 부르는 명칭으로, 현재는 컬럼비아(Columbia) 강.

His favorite phantom; yet all these shall leave
Their mirth and their employments, and shall come   65
And make their bed with thee. As the long train
Of ages glide away, the sons of men,
The youth in life's green spring, and he who goes
In the full strength of years, matron and maid,
The speechless babe, and the gray-headed man —   70
Shall one by one be gathered to thy side,
By those, who in their turn shall follow them.

  So live, that when thy summons comes to join
The innumerable caravan, which moves
To that mysterious realm, where each shall take   75
His chamber in the silent halls of death,
Thou go not, like the quarry-slave at night,
Scourged to his dungeon, but, sustained and soothed
By an unfaltering trust, approach thy grave,
Like one who wraps the drapery of his couch   80
About him, and lies down to pleasant dreams.

1811   1817, 1821

John Keats
1795-1821

Ode on a Grecian Urn

1

Thou still unravish'd bride of quietness,
   Thou foster-child of silence and slow time,
Sylvan° historian, who canst thus express   *rustic, woody*
   A flowery tale more sweetly than our rhyme:
What leaf-fring'd legend haunts about thy shape   5
   Of deities or mortals, or of both,
      In Tempe or the dales° of Arcady?[1]   *valley*
   What men or gods are these? What maidens loth?°   *loath*
What mad pursuit? What struggle to escape?
   What pipes and timbrels?° What wild ecstasy?   *tambourines*   10

2

Heard melodies are sweet, but those unheard
   Are sweeter; therefore, ye soft pipes, play on;
Not to the sensual° ear, but, more endear'd,   *physical*
   Pipe to the spirit ditties of no tone:

---

[1] 템페(Tempe)는 고대 그리스의 테살리아 지방의 아름다운 계곡으로 전원적 아름다움을 대표하는 곳이고, 고대 그리스의 한 국가인 아르카디아(Arcadia)의 계곡은 목가적 이상의 상징으로 종종 사용되었다.

Fair youth, beneath the trees, thou canst not leave 15
   Thy song, nor ever can those trees be bare;
     Bold lover, never, never canst thou kiss,
Though winning near the goal—yet, do not grieve;
     She cannot fade, though thou hast not thy bliss,
   For ever wilt thou love, and she be fair! 20

3

Ah, happy, happy boughs! that cannot shed
   Your leaves, nor ever bid the spring adieu;
And, happy melodist, unwearièd,
   For ever piping songs for ever new;
More happy love! more happy, happy love! 25
   For ever warm and still to be enjoy'd,
     For ever panting, and for ever young;
All breathing human passion far above,
   That leaves a heart high-sorrowful and cloy'd,
     A burning forehead, and a parching tongue. 30

4

Who are these coming to the sacrifice?
   To what green altar, O mysterious priest,
Lead'st thou that heifer lowing at the skies,
   And all her silken flanks with garlands drest?
What little town by river or sea shore, 35
   Or mountain-built with peaceful citadel,

    Is emptied of this folk, this pious morn?
And, little town, thy streets for evermore
    Will silent be; and not a soul to tell
        Why thou art desolate, can e'er return.　　　　　40

5

O Attic[2] shape! Fair attitude! with brede
    Of marble men and maidens overwrought,[3]
With forest branches and the trodden weed;
    Thou, silent form, dost tease us out of thought
As doth eternity: Cold Pastoral!　　　　　45
    When old age shall this generation waste,
        Thou shalt remain, in midst of other woe
    Than ours, a friend to man, to whom thou say'st,
"Beauty is truth, truth beauty," —that is all
    Ye know on earth, and all ye need to know.　　　　　50

1819　　　　　　　　　　　　　　　　　　　　　　　　1820

---

2) Greek, Grecian. 아티카(Attica)는 아테나이가 자리한 그리스의 한 지방이었다.
3) Ornamented all over ("overwrought") with an interwoven pattern ("brede").

To Autumn

1

Season of mists and mellow fruitfulness,
  Close bosom-friend of the maturing sun;
Conspiring with him how to load and bless
  With fruit the vines that round the thatch-e[a]ves run;
To bend with apples the moss'd cottage-trees,   5
  And fill all fruit with ripeness to the core;
    To swell the gourd, and plump the hazel shells
  With a sweet kernel; to set budding more,
And still more, later flowers for the bees,
Until they think warm days will never cease,   10
    For summer has o'er-brimm'd their clammy cells.

2

Who hath not seen thee oft amid thy store?
  Sometimes whoever seeks abroad may find
Thee sitting careless° on a granary floor,   *carefree*
  Thy hair soft-lifted by the winnowing wind;   15
Or on a half-reap'd furrow sound asleep,
  Drows'd with the fume of poppies, while thy hook°   *scythe*
    Spares the next swath and all its twinèd flowers:
And sometimes like a gleaner thou dost keep
  Steady thy laden head across a brook;   20
  Or by a cider-press, with patient look,

Thou watchest the last oozings hours by hours.

3

Where are the songs of Spring? Ay, where are they?
  Think not of them, thou hast thy music too,—
While barred clouds bloom the soft-dying day,   25
  And touch the stubble-plains with rosy hue;
Then in a wailful choir the small gnats mourn
    Among the river sallows,° borne aloft   *willows*
      Or sinking as the light wind lives or dies;
And full-grown lambs loud bleat from hilly bourn;° *region* 30
  Hedge-crickets sing; and now with treble soft
  The red-breast whistles from a garden-croft;
    And gathering swallows twitter in the skies.

Sept. 19, 1819   1820

Ralph Waldo Emerson
1803-1882

Each and All

Little thinks, in the field, yon red-cloaked clown° *peasant*
Of thee from the hill-top looking down;
The heifer that lows in the upland farm,
Far-heard, lows not thine ear to charm;
The sexton, tolling his bell at noon, 5
Deems not that great Napoleon
Stops his horse, and lists with delight,
Whilst his files sweep round yon Alpine height;
Nor knowest thou what argument
Thy life to thy neighbor's creed has lent. 10
All are needed by each one;
Nothing is fair or good alone.
I thought the sparrow's note from heaven,
Singing at dawn on the alder bough;
I brought him home, in his nest, at even; 15
He sings the song, but it cheers not now,
For I did not bring home the river and sky;—
He sang to my ear,—they sang to my eye.
The delicate shells lay on the shore;

The bubbles of the latest wave
Fresh pearls to their enamel gave;
And the bellowing of the savage sea
Greeted their safe escape to me.
I wiped away the weeds and foam,
I fetched my sea-born treasures home;
But the poor, unsightly, noisome things
Had left their beauty on the shore,
With the sun, and the sand, and the wild uproar.
The lover watched his graceful maid,
As 'mid the virgin train she strayed,
Nor knew her beauty's best attire
Was woven still by the snow-white choir.
At last she came to his hermitage,
Like the bird from the woodlands to the cage: —
The gay enchantment was undone,
A gentle wife, but fairy none.
Then I said, "I covet truth;
Beauty is unripe childhood's cheat;
I leave it behind with the games of youth:" —
As I spoke, beneath my feet
The ground-pine curled its pretty wreath,
Running over the club-moss burrs;
I inhaled the violet's breath;
Around me stood the oaks and firs;
Pine-cones and acorns lay on the ground,

Over me soared the eternal sky,
Full of light and of deity;
Again I saw, again I heard,
The rolling river, the morning bird; —
Beauty through my senses stole;   50
I yielded myself to the perfect whole.

                                        1839, 1847

Edgar Allan Poe
1809-1849

Sonnet — To Science

Science! true daughter of Old Time thou art!
   Who alterest all things with thy peering eyes.
Why preyest thou thus upon the poet's heart,
   Vulture, whose wings are dull realities?
How should he love thee? or how deem thee wise?   5
   Who wouldst not leave him in his wandering
To seek for treasure in the jewelled skies,
   Albeit he soared with an undaunted wing?
Hast thou not dragged Diana[1] from her car?
   And driven the Hamadryad[2] from the wood   10
To seek a shelter in some happier star?
   Hast not thou torn the Naiad[3] from her flood,
The Elfin[4] from the green grass, and from me
The summer dream beneath the tamarind[5] tree?

1829   1829, 1845

---

1) 디아나(Diana): 로마 신화에서 달(디아나가 하늘에서 몰고 다니는 전차 또는 "차(car)"로 형상화된)의 여신으로 그 순결성(chastity)으로 인해 경배의 대상이 되었다.
2) 하마드리아데스(Hamadryades): 그리스 로마 신화에서 자신이 보호하는 나무와 함께 태어나서 나무와 운명을 같이 한 것으로 그려진 나무의 님프(Nymph)들.
3) 나이아데스(Naiades): 샘이나 하천에서 거주하는 물의 님프들.
4) 민화에 나오는 꼬마 요정.
5) 동양의 시에서 이상화된 동양산(産) 나무.

Walt Whitman
1819-1892

Song of Myself[1)]

1

I celebrate myself, and sing myself,
And what I assume you shall assume,
For every atom belonging to me as good belongs to you.

I loafe° and invite my soul,   *loaf*
I lean and loafe at my ease observing a spear of summer grass.   5

My tongue, every atom of my blood, form'd from this soil, this air,
Born here of parents born here from parents the same, and their
    parents the same,
I, now thirty-seven years old in perfect health begin,
Hoping to cease not till death.

Creeds and schools in abeyance,   10
Retiring back a while sufficed at what they are, but never forgotten,
I harbor for good or bad, I permit to speak at every hazard,
Nature without check with original energy.

---

1) 「나 자신의 노래」("Song of Myself")는 총 52부로 이루어져 있다.

6

A child said *What is the grass?* fetching it to me with full hands;
How could I answer the child? I do not know what it is any more
    than he.   100

I guess it must be the flag of my disposition, out of hopeful green
    stuff woven.

Or I guess it is the handkerchief of the Lord,
A scented gift and remembrancer designedly dropt,
Bearing the owner's name someway in the corners, that we may
    see and remark, and say *Whose?*

Or I guess the grass is itself a child, the produced babe of the vegetation.   105

Or I guess it is a uniform hieroglyphic,
And it means, Sprouting alike in broad zones and narrow zones,
Growing among black folks as among white,
Kanuck, Tuckahoe, Congressman, Cuff,[2] I give them the same, I receive
    them the same.

And now it seems to me the beautiful uncut hair of graves.   110

---

[2] Kanuck: French Canadian; Tuckahoe: Virginian (from eaters of an Indian foodplant, tuckahoe); Cuff: negro (from an African word, *cuffe*).

Tenderly will I use you curling grass,
It may be you transpire from the breasts of young men,
It may be if I had known them I would have loved them,
It may be you are from old people, or from offspring taken soon
    out of their mother's laps,
And here you are the mother's laps. 115

This grass is very dark to be from the white heads of old mothers,
Darker than the colorless beards of old men,
Dark to come from under the faint red roofs of mouths.

O I perceive after all so many uttering tongues,
And I perceive they do not come from the roofs of mouths for
    nothing. 120

I wish I could translate the hints about the dead young men and
    women,
And the hints about old men and mothers, and the offspring taken soon
    out of their laps.

What do you think has become of the young and old men?
And what do you think has become of the women and children?

They are alive and well somewhere, 125
The smallest sprout shows there is really no death,
And if ever there was it led forward life, and does not wait at the end

to arrest it,
And ceas'd the moment life appear'd.

All goes onward and outward, nothing collapses,
And to die is different from what any one supposed, and luckier.   130

1855, 1881

Emily Dickinson
1830-1886

J. 67

Success is counted sweetest
By those who ne'er succeed.
To comprehend a nectar
Requires sorest need.

Not one of all the purple Host 5
Who took the Flag today
Can tell the definition
So clear of Victory

As he defeated—dying—
On whose forbidden ear 10
The distant strains of triumph
Burst agonized and clear!

ca. 1859   1878, 1890

J. 258

There's a certain Slant of light,
Winter Afternoons —
That oppresses, like the Heft°   *weight*
Of Cathedral Tunes —

Heavenly Hurt, it gives us —   5
We can find no scar,
But internal difference,
Where the Meanings, are —

None may teach it — Any —
'Tis the Seal Despair —   10
An imperial affliction
Sent us of the Air —

When it comes, the Landscape listens —
Shadows — hold their breath —
When it goes, 'tis like the Distance   15
On the look of Death —[1]

ca. 1861   1890

---

[1] "I suppose there are depths in every Consciousness, from which we cannot rescue ourselves — to which none can go with us — which represent to us Mortally — the Adventure of Death —" (Letter to Mrs. J. G. Holland, June 1878, *Letters* 2: 555).

Gerard Manley Hopkins
1844–1889

The Windhover¹⁾

To Christ our Lord

I caught this morning morning's minion,° king-　　　　　　*darling*
　　dom of daylight's dauphin,²⁾ dapple-dawn-drawn Falcon, in his
　　　　riding
　　Of the rolling level underneath him steady air, and striding
High there, how he rung upon the rein of a wimpling° wing　　*rippling*
In his ecstasy! then off, off forth on swing,　　　　　　　　5
　　As a skate's heel sweeps smooth on a bow-bend: the hurl and
　　　　gliding
　　Rebuffed the big wind. My heart in hiding
Stirred for a bird,—the achieve of, the mastery of the thing!

Brute beauty and valour and act, oh, air, pride, plume, here
　　Buckle!³⁾ AND the fire that breaks from thee then, a billion　　10
Times told lovelier, more dangerous, O my chevalier!°　　　　　*knight*

---

1) 유럽산 매의 일종인 황조롱이인데, 공중에서 머리를 바람(wind) 쪽으로 향하고 선회한다(hover)고 해서 그런 이름이 붙여졌다.
2) 프랑스 왕위계승권자인 왕자.
3) 명령법 또는 직설법 동사로 간주될 수 있으며, 세 가지 의미로 해석이 가능하다: (1) to prepare for action, (2) to fasten together, (3) to collapse.

No wonder of it: shéer plód make plough down sillion[4)]
Shine, and blue-bleak embers, ah my dear,
   Fall, gall themselves, and gash gold-vermilion.

1877   1918

---

4) 두 고랑(furrow) 사이의 좁은 두둑, 또는 고랑.

William Butler Yeats
1865–1939

Sailing to Byzantium

1

That[1] is no country for old men. The young
In one another's arms, birds in the trees
—Those dying generations—at their song,
The salmon-falls, the mackerel-crowded seas,
Fish, flesh, or fowl, commend all summer long   5
Whatever is begotten, born, and dies.
Caught in that sensual music all neglect
Monuments of unageing intellect.

2

An aged man is but a paltry thing,
A tattered coat upon a stick, unless   10
Soul clap its hands and sing, and louder sing
For every tatter in its mortal dress,
Nor is there singing school but studying[2]
Monuments of its own magnificence;

---

1) "the salmon-falls"(4행)가 암시하듯이, 예이츠의 조국인 아일랜드(Ireland)를 가리킨다.
2) = but for studying.

And therefore I have sailed the seas and come   15
To the holy city of Byzantium.³⁾

3

O sages standing in God's holy fire
As in the gold mosaic of a wall,
Come from the holy fire, perne in a gyre,⁴⁾
And be the singing-masters of my soul.   20
Consume my heart away; sick with desire
And fastened to a dying animal
It knows not what it is; and gather me
Into the artifice of eternity.

4

Once out of nature I shall never take   25
My bodily form from any natural thing,
But such a form as Grecian goldsmiths make
Of hammered gold and gold enamelling
To keep a drowsy Emperor awake;⁵⁾

---

3) 동방 기독교의 성스러운 도시인 비잔티움 또는 비잔티온(Byzantium: 보스포러스 해협 연안의 고대 그리스 도시로서 330년에 콘스탄티누스 대제에 의해 로마 제국의 수도로 정해져 콘스탄티노플(Constantinople)로 불렸고, 395년 로마 제국의 동서 분리 이후 비잔틴 제국(동로마제국)의 수도가 되었으며, 현재는 이스탄불)은 예이츠에게는 일종의 영혼의 도시로서 예술과 지성의 상징이었다.
4) '소용돌이꼴로 빙빙 맴도는 것'을 뜻함. "Perne"("pern": 실패)은 '실패에서 실이 감기고 풀리는 것'을 뜻한다.
5) Cf. Yeats' note to this poem in *Collected Poems of W. B. Yeats* (London: Macmillan, 1961), p. 532: "I have read somewhere that in the Emperor's palace at Byzantium was a tree made of gold and silver, and artificial birds that sang." 기계로 된 인공 새에 관해서는 안데르센(Hans

Or set upon a golden bough to sing   30
To lords and ladies of Byzantium
Of what is past, or passing, or to come.

Sept. 1926   1927

Christian Andersen)의 스토리인 "The Emperor's Nightingale"을 참조.

Robert Frost
1874–1963

Mending Wall

Something there is that doesn't love a wall,
That sends the frozen-ground-swell under it,
And spills the upper boulders in the sun;
And makes gaps even two can pass abreast.
The work of hunters is another thing: 5
I have come after them and made repair
Where they have left not one stone on a stone,
But they would have the rabbit out of hiding,
To please the yelping dogs. The gaps I mean,
No one has seen them made or heard them made,   10
But at spring mending-time we find them there.
I let my neighbor know beyond the hill;
And on a day we meet to walk the line
And set the wall between us once again.
We keep the wall between us as we go.   15
To each the boulders that have fallen to each.
And some are loaves and some so nearly balls
We have to use a spell to make them balance:
'Stay where you are until our backs are turned!'
We wear our fingers rough with handling them.   20

Oh, just another kind of outdoor game,
One on a side. It comes to little more:
There where it is we do not need the wall:
He is all pine and I am apple orchard.
My apple trees will never get across   25
And eat the cones under his pines, I tell him.
He only says, 'Good fences make good neighbors.'
Spring is the mischief in me, and I wonder
If I could put a notion in his head:
'*Why* do they make good neighbors? Isn't it   30
Where there are cows? But here there are no cows.
Before I built a wall I'd ask to know
What I was walling in or walling out,
And to whom I was like° to give offense.   *likely*
Something there is that doesn't love a wall,   35
That wants it down.' I could say 'Elves' to him,
But it's not elves exactly, and I'd rather
He said it for himself. I see him there
Bringing a stone grasped firmly by the top
In each hand, like an old-stone savage armed.   40
He moves in darkness as it seems to me,
Not of woods only and the shade of trees.
He will not go behind his father's saying,
And he likes having thought of it so well
He says again, 'Good fences make good neighbors.'   45

                 1914

Wallace Stevens
1879-1955

Anecdote of the Jar

I placed a jar in Tennessee,[1)]
And round it was, upon a hill.
It made the slovenly wilderness
Surround that hill.

The wilderness rose up to it, 5
And sprawled around, no longer wild.
The jar was round upon the ground
And tall and of a port in air.

It took dominion everywhere.
The jar was gray and bare. 10
It did not give of bird or bush,
Like nothing else in Tennessee.

1923

---

1) 미국 남동부의 주(州)로, 내쉬빌(Nashville)이 주도(州都)임.

William Carlos Williams
1883-1963

Spring and All

By the road to the contagious hospital[1)]
under the surge of the blue
mottled clouds driven from the
northeast—a cold wind. Beyond, the
waste of broad, muddy fields   5
brown with dried weeds, standing and fallen

patches of standing water
the scattering of tall trees

All along the road the reddish
purplish, forked, upstanding, twiggy   10
stuff of bushes and small trees
with dead, brown leaves under them
leafless vines—

Lifeless in appearance, sluggish
dazed spring approaches—   15

---

1) 전염병 치료를 위해 설립된 병원.

They enter the new world naked,
cold, uncertain of all
save that they enter. All about them
the cold, familiar wind—

Now the grass, tomorrow   20
the stiff curl of wildcarrot leaf
One by one objects are defined—
It quickens: clarity, outline of leaf

But now the stark dignity of
entrance—Still, the profound change   25
has come upon them: rooted, they
grip down and begin to awaken

1923

Ezra Pound
1885-1972

In a Station of the Metro[1)]

The apparition of these faces in the crowd;
Petals on a wet, black bough.

1913, 1916

---

1) The Metro: 파리의 지하철. 이 시에 대해 파운드는 『고디에-브르제스카: 회고록』 (*Gaudier-Brzeska: A Memoir*, 1916)에서 다음과 같이 적고 있다: "Three years ago in Paris I got out of a 'metro' train at La Concorde, and saw suddenly a beautiful face, and then another and another, and then a beautiful child's face, and then another beautiful woman, and I tried all that day to find words for what this had meant to me, and I could not find any words that seemed to me worthy, or as lovely as that sudden emotion. And that evening . . . I was still trying and I found, suddenly, the expression. I do not mean that I found words, but there came an equation . . . not in speech, but in little splotches of colour. . . . The 'one-image poem' is a form of super-position, that is to say, it is one idea getting out of the impasse in which I had been left by my metro emotion. I wrote a thirty-line poem, and destroyed it. . . . Six months later I made a poem half that length; a year later I made the following *hokku*-like sentence."

T. S. Eliot
1888-1965

The Love Song of J. Alfred Prufrock

*S'io credesse che mia risposta fosse
a persona che mai tornasse al mondo,
questa fiamma staria senza più scosse.
Ma per ciò che giammai di questo fondo
non tornò vivo alcun, s'i'odo il vero,
senza tema d'infamia ti rispondo.*[1)]

Let us go then, you and I,
When the evening is spread out against the sky
Like a patient etherised upon a table;
Let us go, through certain half-deserted streets,
The muttering retreats   5
Of restless nights in one-night cheap hotels

---

1) "If I thought that I was speaking/ to someone who would go back to the world,/ this flame would shake no more./ But since nobody has ever/ gone back alive from this place, if what I hear is true,/ I answer you without fear of infamy" (Dante's *Inferno*, Canto 27, 61-66). 이것은 단테가 높은 불길에 싸여 있는 귀도 다 몬테펠트로(Guido da Montefeltro)에게 왜 벌을 받고 있는지를 물었을 때 귀도가 한 말이다. 그는 지상의 사람들이 뭐라고 말할 것인지에 대해 여전히 두려워하면서, 단테가 죽은 이들 중의 한 사람이라고 생각했기 때문에 단테의 물음에 답한다. 프루프록의 고백 역시 세상 사람들의 판단에 대한 두려움이라는 이 모티프로 가득차 있다.

And sawdust restaurants with oyster shells:
Streets that follow like a tedious argument
Of insidious intent
To lead you to an overwhelming question . . .   10
Oh, do not ask, 'What is it?'
Let us go and make our visit.

   In the room the women come and go
Talking of Michelangelo.

   The yellow fog that rubs its back upon the window-panes,   15
The yellow smoke that rubs its muzzle on the window-panes
Licked its tongue into the corners of the evening,
Lingered upon the pools that stand in drains,
Let fall upon its back the soot that falls from chimneys,
Slipped by the terrace, made a sudden leap,   20
And seeing that it was a soft October night,
Curled once about the house, and fell asleep.

   And indeed there will be time[2]
For the yellow smoke that slides along the street,
Rubbing its back upon the window-panes;   25
There will be time, there will be time
To prepare a face to meet the faces that you meet;

---

2) Cf. Andrew Marvell's "To His Coy Mistress" (1681), line 1: "Had we but world enough, and time, ..."

There will be time to murder and create,
And time for all the works and days of hands[3)]
That lift and drop a question on your plate;
Time for you and time for me,
And time yet for a hundred indecisions,
And for a hundred visions and revisions,
Before the taking of a toast and tea.

   In the room the women come and go
Talking of Michelangelo.

   And indeed there will be time
To wonder, 'Do I dare?' and 'Do I dare?'
Time to turn back and descend the stair,
With a bald spot in the middle of my hair—
(They will say: 'How his hair is growing thin!')
My morning coat, my collar mounting firmly to the chin,
My necktie rich and modest, but asserted by a simple pin—
(They will say: 'But how his arms and legs are thin!')
Do I dare
Disturb the universe?
In a minute there is time
For decisions and revisions which a minute will reverse.

---

3) "works and days"라는 어구는 고된 농사일을 찬양하는, 그래서 프루프록의 세계와 아이러닉한 대조를 이루는 시인 『일들과 날들』(*Works and Days*)—기원 전 8세기의 그리스 시인 헤시오도스(Hesiod)의 작품—의 제목을 상기시킨다.

> For I have known them all already, known them all: —
> Have known the evenings, mornings, afternoons,   50
> I have measured out my life with coffee spoons;
> I know the voices dying with a dying fall[4)]
> Beneath the music from a farther room.
>   So how should I presume?
>
> And I have known the eyes already, known them all —   55
> The eyes that fix you in a formulated phrase,
> And when I am formulated, sprawling on a pin,
> When I am pinned and wriggling on the wall,
> Then how should I begin
> To spit out all the butt-ends of my days and ways?   60
>   And how should I presume?
>
> And I have known the arms already, known them all —
> Arms that are braceleted and white and bare
> (But in the lamplight, downed with light brown hair!)
> Is it perfume from a dress   65
> That makes me so digress?
> Arms that lie along a table, or wrap about a shawl.
>   And should I then presume?
>   And how should I begin?

---

4) 셰익스피어의 『제12야』(*Twelfth Night*)에서 오시노 공작(Duke Orsino)은 제 흥에 겨워 음악을 명한다: "If music be the food of love, play on./ . . . / That strain again! It had a dying fall" (1.1.1-4).

· · · · ·

Shall I say, I have gone at dusk through narrow streets   70
And watched the smoke that rises from the pipes
Of lonely men in shirt-sleeves, leaning out of windows? . . .

I should have been a pair of ragged claws
Scuttling across the floors of silent seas.⁵⁾

· · · · ·

And the afternoon, the evening, sleeps so peacefully!   75
Smoothed by long fingers,
Asleep . . . tired . . . or it malingers,
Stretched on the floor, here beside you and me.
Should I, after tea and cakes and ices,
Have the strength to force the moment to its crisis?   80
But though I have wept and fasted, wept and prayed,
Though I have seen my head (grown slightly bald) brought in upon a
    platter,⁶⁾
I am no prophet—and here's no great matter;
I have seen the moment of my greatness flicker,
And I have seen the eternal Footman hold my coat, and snicker, 85

---

5) 셰익스피어의 『햄릿』(*Hamlet*)에서 햄릿은 폴로니어스(Polonius)를 조롱한다: ". . . , for you yourself, sir, should be old as I am, if, like a crab, you could go backward" (2.2.205-206).

6) 세례자 요한(John the Baptist)의 목은 헤롯 왕(King Herod)의 명령에 의해 잘려져 왕비인 헤로디아스(Herodias)를 즐겁게 하기 위해 은 접시에 담겨져 날라졌다(Cf. Matthew 14.3-11).

And in short, I was afraid.

  And would it have been worth it, after all,
After the cups, the marmalade, the tea,
Among the porcelain, among some talk of you and me,
Would it have been worth while,   90
To have bitten off the matter with a smile,
To have squeezed the universe into a ball[7)]
To roll it toward some overwhelming question,
To say: 'I am Lazarus,[8)] come from the dead,
Come back to tell you all, I shall tell you all' —   95
If one, settling a pillow by her head,
  Should say: 'That is not what I meant at all.
  That is not it, at all.'

  And would it have been worth it, after all,
Would it have been worth while,   100
After the sunsets and the dooryards and the sprinkled streets,
After the novels, after the teacups, after the skirts that trail along the
    floor —
And this, and so much more? —
It is impossible to say just what I mean!
But as if a magic lantern threw the nerves in patterns on a screen: 105

---

7) Cf. Marvell, "To His Coy Mistress," lines 41-44: "Let us roll all our strength and all/ Our sweetness up into one ball,/ And tear our pleasures with rough strife/ Thorough the iron gates of life."
8) 그리스도에 의해 죽은 이들 가운데서 살아난 인물(Cf. Luke 16.19-31 and John 11.1-44).

Would it have been worth while
If one, settling a pillow or throwing off a shawl,
And turning toward the window, should say:
  'That is not it at all,
  That is not what I meant, at all.'   110

          . . . . .

No! I am not Prince Hamlet, nor was meant to be;
Am an attendant lord, one that will do
To swell a progress, start a scene or two,
Advise the prince; no doubt, an easy tool,
Deferential, glad to be of use,   115
Politic, cautious, and meticulous;
Full of high sentence,[9] but a bit obtuse;
At times, indeed, almost ridiculous—
Almost, at times, the Fool.

  I grow old . . . I grow old . . .   120
I shall wear the bottoms of my trousers rolled.

  Shall I part my hair behind? Do I dare to eat a peach?
I shall wear white flannel trousers, and walk upon the beach.
I have heard the mermaids singing, each to each.

  I do not think that they will sing to me.   125

---

9) "opinions," "sententiousness"라는 옛 의미로 사용되었다.

I have seen them riding seaward on the waves
Combing the white hair of the waves blown back
When the wind blows the water white and black.

We have lingered in the chambers of the sea
By sea-girls wreathed with seaweed red and brown   130
Till human voices wake us, and we drown.

1910-11   1915, 1917

E. E. Cummings
1894-1962

Spring is like a perhaps hand

Spring is like a perhaps hand
(which comes carefully
out of Nowhere)arranging
a window,into which people look(while
people stare   5
arranging and changing placing
carefully there a strange
thing and a known thing here)and

changing everything carefully

spring is like a perhaps   10
Hand in a window
(carefully to
and fro moving New and
Old things,while
people stare carefully   15
moving a perhaps
fraction of flower here placing

an inch of air there)and

without breaking anything.

                                        1925

Dylan Thomas
1914-1953

The Force That through the Green Fuse Drives the Flower

The force that through the green fuse drives the flower
Drives my green age; that blasts the roots of trees
Is my destroyer.
And I am dumb to tell the crooked rose
My youth is bent by the same wintry fever.   5

The force that drives the water through the rocks
Drives my red blood; that dries the mouthing streams
Turns mine to wax.
And I am dumb to mouth unto my veins
How at the mountain spring the same mouth sucks.   10

The hand that whirls the water in the pool[1)]
Stirs the quicksand; that ropes the blowing wind
Hauls my shroud sail.
And I am dumb to tell the hanging man

---

1) 베짜타 또는 베데스다(Bethesda)라는 이름의 못(pool)에 내려와 물을 휘저어 병을 낫게 한 천사의 손길 (John 5.1-4).

How of my clay is made the hangman's lime.2)   15

The lips of time leech to° the fountain head;   *fasten onto*
Love drips and gathers, but the fallen blood
Shall calm her sores.
And I am dumb to tell a weather's wind
How time has ticked a heaven round the stars.   20

And I am dumb to tell the lover's tomb
How at my sheet° goes the same crooked worm.   *winding sheet*

1933   1934

---

2) 교수형 집행관에 의해 교수형에 처해진 사람들의 무덤에 분해를 촉진시키기 위해 쏟아놓는 생석회(quicklime).

Robert Lowell
1917-1977

Skunk Hour

[FOR ELIZABETH BISHOP][1)]

Nautilus Island's[2)] hermit
heiress still lives through winter in her Spartan cottage;
her sheep still graze above the sea.
Her son's a bishop. Her farmer
is first selectman in our village;   5
she's in her dotage.

Thirsting for
the hierarchic privacy
of Queen Victoria's century,
she buys up all   10
the eyesores facing her shore,
and lets them fall.

---

1) "The dedication is to Elizabeth Bishop, because re-reading her suggested a way of breaking through the shell of my old manner. . . . 'Skunk Hour' is modelled on Miss Bishop's 'The Armadillo.' . . . Both . . . use short line stanzas, start with drifting description and end with a single animal" (Lowell's note).
2) 이 시의 배경은 로웰과 그의 가족의 여름 별장이 있는 메인(Maine) 주의 캐스타인(Castine)이다.

The season's ill—
we've lost our summer millionaire,
who seemed to leap from an L. L. Bean³⁾   15
catalogue. His nine-knot yawl
was auctioned off to lobstermen.
A red fox stain covers Blue Hill.⁴⁾

And now our fairy
decorator brightens his shop for fall;   20
his fishnet's filled with orange cork,
orange, his cobbler's bench and awl;
there is no money in his work,
he'd rather marry.

One dark night,⁵⁾   25
my Tudor Ford climbed the hill's skull;
I watched for love-cars. Lights turned down,
they lay together, hull to hull,
where the graveyard shelves on the town. . . .
My mind's not right.   30

A car radio bleats,

---

3) 메인(Maine) 주의 우편주문판매 회사로 아웃도어 장비와 용품을 판매하는데, 캐털로그로 유명하다.
4) "Meant to describe the rusty reddish color of autumn on Blue Hill, a Maine mountain near where we were living" (Lowell's note).
5) Cf. *The Dark Night of the Soul* of St. John of the Cross.

"Love, O careless Love. . . ."⁶⁾ I hear
my ill-spirit sob in each blood cell,
as if my hand were at its throat. . . .
I myself am hell;⁷⁾   35
nobody's here —

only skunks, that search
in the moonlight for a bite to eat.
They march on their soles up Main Street:
white stripes, moonstruck eyes' red fire   40
under the chalk-dry and spar spire
of the Trinitarian Church.

I stand on top
of our back steps and breathe the rich air —
a mother skunk with her column of kittens swills the garbage pail.   45
She jabs her wedge-head in a cup
of sour cream, drops her ostrich tail,
and will not scare.⁸⁾

                                                          1959

---

6) 당시 유행하던 노래인 "Careless Love"는 다음의 두 행을 담고 있다: "Now you see what careless love will do . . ./ Make you kill yourself and your sweetheart too."
7) Cf. Lucifer's line in *Paradise Lost* 4.75: "Which way I fly is hell; myself am Hell."
8) Cf. Lowell's words: "The skunks are both quixotic and barbarously absurd, hence the tone of amusement and defiance."

찾아보기

1. 문학 용어

강세 … 72-82
   제1강세 … 72-73
   제2강세 … 72-73
객관적 상관물 … 119
곡언법 … 53-54
과장법 … 50-51
관념들 … 129-54
극적 독백 … 114, 123-27
극적 방법 … 19
극적 상징 … 19
극적 상황 … 20
기상 … 41-43
   형이상학파 기상 … 41-43
기호 … 141

다의성 … 54-58
돈호법 … 49
두운 … 68-71

리듬 … 72-73, 75
   실제 리듬 … 75

말장난 … 54-58
명백한 의미 … 19
명시적 진술 … 136-37
모순 어법 … 58
모음운 … 70-71
모의 서사시 … 53
무운시 … 85

비유적 언어 … 34-49

4행연(4행 연구) … 90-92
　루바이야트 4행연 … 92
　밸러드 연(담시 연) … 91
　봉투형 4행연(추도시 연) … 91-92
　영웅시체 연(비가체 연) … 90
3행연 … 89
3행 연구 … 89
상징 … 141-47
　공적 상징 … 143
　임시 상징(사적 상징) … 143-44
생략법 … 58-59
서사 … 111-15
서정시 … 116
소네트 … 96-101
　"단축" 소네트 … 101
　셰익스피어풍 소네트(영국식 소네트) … 98-99
　스펜서풍 소네트 … 99-101
　페트라르카풍 소네트(이탈리아식 소네트) … 96-98
스펜서 연 … 94-95
시의 정의 … 16
신화 … 152-53

아이러니 … 52-53
알렉산더 행 … 82
압운 … 62-67
　각운 … 66
　남성운 … 64
　불완전운(경사운) … 65-66
　삼중운 … 64-65
　시각운 … 67
　여성운 … 64-65
　이중운 … 64-65
　중간운 … 66-67
압운 형식 … 67
앙장브망 … 84-85
앤티클라이맥스(의도적 점강법) … 53
앨리고리(우의, 우유, 풍유) … 49, 137-41, 147-48(주)
어법 … 25-28
어조 … 121-29
역사적 맥락 … 130-36
역설 … 58
연 … 85-95
옷타바 리마 … 93-94
외연 … 26-27
우의적 기호 … 140-41

운문 … 86

운문 단락 … 85-86

운율 분석 … 80-82

운율법 … 72-103

원형 … 152-54

월행 … 84-85

유기적 형식 … 101-102

율격 … 74-82

    상승 율격 … 76

    하강 율격 … 77

은유 … 34-47, 137

    죽은 은유 … 37

    함축적 은유 … 36

    확장된 은유 … 36, 138

음가 … 62-72

음보 … 75-82

    강강격 … 75, 79

    강약격 … 75-76

    강약약격 … 77

    약강격 … 75

    약약강격 … 76-77

    약약격 … 79-80

의미 있는 형식 … 61

의성어 … 71-72

의인화 … 48-49

이미저리 … 29-34

2행 연구 … 86-88

    닫힌 2행 연구 … 87

    10음절 2행 연구 … 88

    열린 2행 연구 … 86

    영웅시체 2행 연구 … 88

    8음절 2행 연구 … 87

인유 … 148-51

자유시 … 101-103

정서 … 116-29

제왕운 연 … 93

제유 … 47-48

줄여말하기(축서법) … 51-52

중간 휴지 … 82-84

직유 … 39-47

    서사시적 직유 … 40-41

테르차 리마 … 89-90

함의 … 27-28

행말 종지 시행 … 84-85

환유 … 47-48

2. 저자 및 작품

골드스미스, 올리버 … 83
　「버려진 마을」 … 83
그레이, 토머스 … 90
　「시골 교회 묘지에서 지은 비가」
　… 90

노르다우, 막스 … 18

단테 … 89, 153
　『신곡』 … 153
대니얼, 새뮤얼 … 93
　「로자몬드의 불평」 … 93
던, 존 … 41, 140, 168
　「고별사―슬퍼함을 금하며」 …
　41-43, 170-71
　「떠오르는 태양」 … 168-69
　「명상」(17) … 140
드라이든, 존 … 88
디킨슨, 에밀리 … 65-66, 220
　「J. 67」(「성공은 . . .」) … 220
　「J. 258」(「한 줄기 비스듬한 햇살
　이 있어」) … 220

러블레이스, 리처드 … 58
　「앨시어에게, 감옥에서」 … 58
로빈슨, 에드윈 알링턴 … 18, 26, 53,
　112, 114, 115, 132-33
　「신조」 … 26-27, 132-33
　「어떻게 애넌데일이 죽었는가」 …
　53-54, 112-14
　「하늘을 등진 남자」 … 115
로웰, 로버트 … 245
　「스컹크 시간」 … 245-47
로제티, 크리스티나 … 75, 78
　「생일」 … 75, 78, 80
롤리, 월터 … 34-36, 138
　「삶이란 무엇인가?」 … 34-36, 39,
　41, 137-38
롱펠로우, 헨리 와즈워스 … 77, 97,
　111
　「마일즈 스탠디쉬의 구혼」 … 111
　「신곡」(2연) … 96-97
　『이뱅절린』 … 77, 83
루이스, C. 데이 … 56
　「노래 두 편」 … 57

마블, 앤드루 … 174
　「수줍어하는 애인에게」 … 174-76
메러디스, 조지 … 101
　『현대적 사랑』 … 101
모리스, 윌리엄 … 80
　「홍수 속 건초 더미」 … 80
밀턴, 존 … 40, 115
　『실낙원』 … 40-41, 115

바이런, 조지 고든 … 49, 51-52, 63, 94-95, 197
　『귀공자 해롤드의 순례』 … 94-95
　『돈 주안』 … 51-52, 64-65
　「시용 성에 관한 소네트」 … 49, 197
　「음악에 부치는 시」 … 63
『베오울프』 … 115
보드킨, 모드 … 153
　『시에 있어서의 원형적 패턴』 … 153
본, 헨리 … 134, 137
　「폭포」 … 134-35
브라우닝, 로버트 … 21, 23, 40, 75-76, 114, 123
　「내 전 공작 부인」 … 123-27

「주교가 성 프락세데스 성당에 자신의 묘를 건조할 것을 명하다」 … 40
「한 마디만 더」 … 75-76
「한밤의 밀회」 … 21-24
브라이언트, 윌리엄 컬런 … 84, 203
　「사관」 … 84, 203-206
블레이크, 윌리엄 … 81, 87-88, 121, 143, 144, 152, 179
　「성목요일」 … 121-23
　「순진무구의 조짐들」 … 87-88
　「양」 … 143, 179-80
　「호랑이」 … 82, 144-46

서클링, 존 … 78-79
　「제기랄!」 … 78-79, 81
셜리, 제임즈 … 47, 48
　「만가」 … 47-48, 49
　『아킬레우스의 갑주를 차지하기 위한 아이아스와 율리시즈(오딧세우스)의 논전』 … 47-48
셰익스피어, 윌리엄 … 54, 55, 56, 58, 69, 98-99, 150, 167
　『로미오와 줄리엣』 … 58
　「소네트 18」 … 167

「소네트 64」 … 98-99
「소네트 143」 … 55-56
『오셀로』 … 69-70, 149
『햄릿』 … 99
셸리, 퍼시 비쉬 … 18-20, 52, 89-90, 115, 116-17, 129, 152, 198
『사슬에서 풀려난 프로메테우스』 … 152
「삶의 개선 행렬」 … 89-90
「서풍에 부치는 송가」 … 198-202
「오지만디아스」 … 16-20, 52, 115, 129
「인도풍 세레나데」(「인도 처녀의 노래」) … 116-17
스윈번, 앨저논 찰즈 … 62-63, 70
「덜로리스」 … 70
「봄의 사냥개들이」 … 62-63
『시편들과 밸러드들』 … 70
『칼리돈의 아탈란테』 … 62-63
「헌사」 … 70
스콧, 월터 … 111
「호반의 숙녀」 … 111
스티븐즈, 월러스 … 229
「항아리에 관한 일화」 … 229

스펜서, 에드먼드 … 82, 94, 95, 99, 147
『아모레티』(75) … 100-101
『요정 여왕』 … 94, 141, 147
시드니, 필립 … 166
『애스트로필과 스텔라』(5) … 166

아놀드, 매슈 … 33, 43, 138
「도버 해변」 … 43-47
「마거리트에게-속편」 … 138-41
「서시스」 … 33
「어셔의 우물가의 아낙네」 … 91
에머슨, 랠프 왈도 … 37, 135, 148, 150-51, 212
「각자와 전체」 … 212-14
「사상」 … 149
「송가-W. H. 채닝에게 헌정함」 … 150-51
「자연」 … 37
「판 신」 … 135-36
엘리엇, T. S. … 119, 153, 233
「J. 앨프리드 프루프록의 연가」 … 233-40
「황무지」 … 153
예이츠, 윌리엄 버틀러 … 143, 152, 224

「비잔티움으로의 항해」 … 143-44, 224-26

『비전』 … 144

워즈워스, 윌리엄 … 49, 86, 115, 119, 131, 132, 133, 136-37, 181

「런던, 1802년」 … 49

『서곡』 … 115

「웨스트민스터 교에서」 … 119-20

「틴턴 수도원 몇 마일 위에서 씌어진 시」 … 86, 131-32, 133, 136-37, 181-87

윌리엄즈, 윌리엄 칼로스 … 230

「봄과 만물」 … 230-31

윌모트, 존 … 83-84

「인간에 대한 풍자」 … 83-84

융, C. G. … 153

제퍼스, 로빈슨 … 111

「밤색 종마」 … 111

존슨, 벤 … 54

「나의 친애하는 작가 윌리엄 셰익스피어 씨와 그가 우리에게 남겨준 바를 기리며」 … 54-55

초서, 제프리 … 93, 161

『캔터베리 이야기』(총 서시) … 161-62

커밍즈, E, E, … 16, 241

「봄은 은밀한 손과 같다」 … 241-42

케어리, 토머스 … 50

「노래하는 실리아 (1)」 … 50

코울리지, 새뮤얼 테일러 … 28, 73, 153, 188

「노수부의 노래」 … 28, 66-67, 68, 153

「쿠블라 칸」 … 188-92

「한밤의 서리」 … 73-74, 193-96

크랩, 조지 … 18

클러프, 아서 휴 … 127, 128

「최신판 십계명」 … 127-29

키츠, 존 … 28, 30, 32, 33, 86, 94, 207

「가을에게」 … 28, 210-11

「그리스 유골 단지에 부치는 송가」 … 207-209

「성 아그네스 축일 전야」 … 29-33, 59

『엔디미온』 … 86

「이저벨러, 또는 배질 화분」 … 93-94

테니슨, 앨프리드 … 36, 71, 91, 111, 152
「아서 왕의 죽음」 … 71-72
『왕의 목가』 … 111
「율리시즈」 … 36, 152
『A. A. H.를 추도하며』 … 91-92
테일러, 에드워드 … 177
「가사」 … 177-78
토머스, 딜런 … 16, 243
「녹색 도화선을 통해 꽃을 몰고 가는 힘이」 … 243-44

파운드, 에즈러 … 149, 232
『시편』 … 149
「지하철 역에서」 … 232
「패트릭 스펜스 경」 … 163-65
포우, 에드거 앨런 … 76, 215
「소네트―과학에게」 … 215
「애너벨 리」 … 76
포우프, 앨릭잰더 … 38-39, 51, 53, 59, 87, 88, 104, 105, 108, 109
『머리타래의 겁탈』 … 51, 53, 88
『비평론』 … 87, 104-109
『인간론』 … 38-39, 59

프로스트, 로버트 … 31, 114, 149, 227
「고용인의 죽음」 … 114
「담장 고치기」 … 227-28
「어느 날 태평양에서」 … 149
「자작나무들」 … 31-32
피츠제럴드, 에드워드 … 26, 92
『오마르 하이얌의 루바이야트』 … 26, 92

하우스먼, A. E. … 68
「테런스, 이건 시시한 거야」 … 68-69
허버트, 조지 … 57, 172
「도르래」 … 172-73
「창문」 … 57-58
호메로스 … 40, 152
홉킨스, 제러드 맨리 … 16, 101, 222
「황조롱이」 … 222-23
후드, 토머스 … 77
「한숨의 다리」 … 77
휘트먼, 월트 … 33, 102, 115, 144, 216
「겨울의 기관차에게」 … 144
「끝없이 흔들리는 요람 밖으로」 … 115

「나 자신의 노래」(1) ⋯ 216

「나 자신의 노래」(2) ⋯ 102-103

「나 자신의 노래」(6) ⋯ 217-19

「얼마 전 라일락이 앞마당에 피었
   을 때」 ⋯ 33

역자 후기

　이 책은 Lynn Altenbernd와 Leslie L. Lewis의 *A Handbook for the Study of Poetry* (New York: Macmillan Publishing Co., Inc., 1966)를 우리말로 옮기고, 보충 자료로 '영미시선'을 덧붙인 것이다. 제1부를 구성하는, 알텐번드와 루이스의 이 작은 책은 세 권으로 된 문학 선집인 *Introduction to Literature: Stories, Poems, Plays* (New York: Macmillan Publishing Co., Inc., 1963)의 편람 부분을 수정·증보하여 펴낸 세 권의 입문서 중의 하나로서, "운율적 언어로 이루어진, 경험의 해석적 극화"로서의 시에 대한 간결하면서도 통찰력 있는 분석들과 적절한 예시들로 인해 국내외의 많은 독자들의 사랑을 받아 왔다. 역자는 원저에 수록된 시 텍스트들을 근래의 연구 성과를 토대로 재검토하면서 오류들을 바로잡았고, 원저에서 출전이 밝혀져 있지 않은 시편들의 출전을 모두 밝혔으며, 원저가 발간된 1966년 이후의 주요 논저들을 확인하여 참고서지를 보완했다. 제2부는 제1부의 내용을 예시하고 보완해 줄 수 있는 주요 시편들을 따로 엮은 것으로서, 제1부의 본문 중에 전문이 수록된 시편들과 함께 읽으면 영미시의 큰 흐름을 어느 정도 개관할 수 있을 것이다.

비록 보잘것없는 역서이지만, 역자에게 시를 읽는 즐거움을 일깨워 주시고 또 역자를 영미시의 넓고 깊은 세계로 인도해 주신 고(故) 이영걸 교수님(1939-2002)의 영전에 이 책을 삼가 바친다. 그리고 어려운 출판 상황에서도 이 책의 발간을 흔쾌히 맡아 주신 이성모 사장님의 후의와 편집장 송순희 씨의 각별한 노고에도 깊이 감사드린다.

2007년 2월

윤 준

저자 린 알텐번드(Lynn Altenbernd, 1918-2005)는 1984년까지 미국 일리노이대(어배너) 영문과 교수로 재직하면서 미국 작가인 헨리 로스(Henry Roth)를 주로 연구했다. 레즐리 L. 루이스(Leslie Lisle Lewis, 1901-1968)는 작고할 때까지 미국 콜로라도대(보울더) 영문과 교수로 재직했다.

저자들은 함께 『문학 입문-시』(Introduction to Literature: Poems, 1963), 『문학 입문-소설』(Introduction to Literature: Stories, 1963), 『문학 입문-희곡』(Introduction to Literature: Plays, 1963)을 편찬했으며, 이 시리즈의 편람 부분을 수정·증보하여 『영미시의 길잡이』(A Handbook for the Study of Poetry, 1966), 『영미소설의 길잡이』(A Handbook for the Study of Fiction, 1966), 『영미희곡의 길잡이』(A Handbook for the Study of Drama, 1966)를 발간했다.

역자 윤 준은 한국외국어대학교 영어과 및 동 대학원을 졸업하고(문학박사, 1990), 미국 노스캐롤라이나대 영문과에서 풀브라이트 방문학자(1992-93)로 연구했다. 1985년부터 현재까지 배재대학교 영어영문학과 교수로 재직하고 있고, 한국현대영어영문학회 제1회 우수논문상(2005)을 수상했으며, 현재 한국현대영미시학회장과 한국현대영어영문학회장으로 일하고 있다. 저서로 『코울리지의 시 연구』(동인, 2001), 역서로 리오 로웬달의 『문학과 인간의 이미지』(종로서적, 1983), 『거상-실비아 플라스 시선』(공역, 청하, 1986), I. 에번즈의 『영문학사(제4개정판)』(공역, 탐구당, 1992), Who's Who in Korean Literature (공동 영역, The Korean Culture & Arts Foundation, 1996), 스벤 헤딘의 『티베트 원정기』(공역, 학고재, 2006), 클레어 스코비의 『티베트 순례자』(공역, 웅진지식하우스, 2007), 로런스 러너의 『영문학의 길잡이』(동인, 2008), 스벤 헤딘의 『마지막 탐험가』(공역, 뜰, 2010)가 있다.

영미시의 길잡이

1쇄 발행일 • 2007년 2월 28일
3쇄 발행일 • 2021년 3월 3일
지은이 • 린 알텐번드 · 레즐리 L. 루이스/ 옮긴이 • 윤준
발행인 • 이성모/ 발행처 • 도서출판 동인/ 등록 • 제1-1599호
주소 • 서울시 종로구 명륜2가 아남주상복합A 118호
TEL • (02) 765-7145, 55 / FAX • (02) 765-7165
Homepage • donginbook.co.kr / E-mail • dongin60@chol.com

ISBN 978-89-5506-319-6
정가 11,000원

※잘못 만들어진 책은 교환해드립니다.